経営を見る眼

日々の仕事の意味を知るための
経営入門

伊丹敬之
Hiroyuki Itami

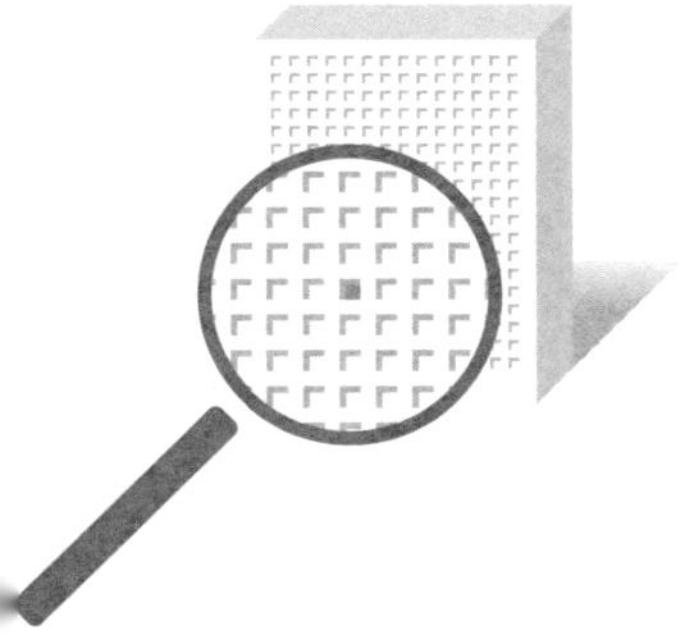

東洋経済新報社

はしがき

この本は、企業組織の中でマネジャーやさまざまな立場のリーダーになることをめざしている人たちに、企業の経営というものをどのような眼で見ればいいのか、その見方を書いた本である。

これまで私は、経営する側に立っての経営の論理について、何冊かの本を書いてきた。今回は、働く人の側に立って、その中でも経営にも参画し始めようかという人たちをイメージして、彼らにとっての経営入門の本を書こうと思った。

会社で働いている中堅社員やマネジャー一歩手前の人たちが、企業経営全体を見る眼をもつのは、大きな意味があることだと私は思う。自分たちの毎日の仕事の意味はどこにあるのか。それが経営全体の中でどのような位置づけになるのか。利益とはそもそも何なのか。人はなぜ想定通り動かないのか。組織の全体のマネジメントとは、一体どういうことなのか。

自分自身のためにも、組織と仲間たちの発展に自分なりの貢献をするためにも、経営全体を考えた上で自分の立ち位置を確認するための「経営を見る眼」が、必要だと思うのである。そしてもちろん、将来は経営する側になろうとするのであれば、そのための基礎として経営を見る眼をもつことの重要性は言うまでもない。

だから私はこの本を、働く人と会社の関係について考える第1部からスタートさせている。会社との距離感を適切にもつことが、多くの働く人にとって重要である。そしてそもそも、働くことの意味はなにかを振り返るのも大切だろう。

そうして多くの人々が働いている企業とは、そもそも社会の中でどのような機能を果たしていると思えばいいのか。なぜ、企業は社会の中で存在できるのか。その企業を存在させている株主とは、どういう人たちだと思えば、株式会社制度が理解できるのか。彼らはなぜカネを出し、何を期待しているのか。そして、コーポレート・ガバナンスと最近よく言うが、一体それは何のことか。そんな企業についてのごく基礎的な問いかけをするのが、本書の第2部の役割である。

その後、本の流れは、実際にリーダーとして何らかの形で経営に参加するときのリーダーのあり方について考察した第3部へと移る。リーダーとしての役割は、単に部下の管理にあるだけではない。人間の集団を率いるとは、どういうことなのか。さらに、組織の中のリーダーは部下をマネジするだけではなく、上司もまたマネジしなければならない。それは、一体どういうことか。

リーダーについて考える第3部に続いて第4部では、組織全体を経営するとはどのようなことかを考える。一人のリーダーとしての行動を超えて、組織全体の経営を見る眼を考えたいのである。それが、組織のマネジメントの全体像という、企業経営そのものの話である。経営学のトピックに一番なりやすい部分で、競争優位の戦略、ビジネスシステム、資源蓄積、組織構造、管理システム、場のマネジメントなどが具体的なテーマである。

こうして企業とリーダーと組織の経営についての考察の後、本の最後になる第5部では、経営を見る眼をさらに養うための私なりのアドバイスをまとめておいた。

本の各章は、あまり長くならないように、そしてあまり肩がこりそうな内容にならないように、私なりに工夫した。通勤の電車の中で一章ずつ読み切りのように読めれば、便利だろう、と二一の章を構成したのである。

この本を読んでさらに経営の論理について深く知りたくなったら、たとえば巻末の参考文献リストにあるような本へと読み進めばいい。この本は、そうしたさらなる読書へのお誘いでもあり、登山口でもある。

こうした目的の本で取り上げるべきトピックについては、東京理科大学専門職大学院総合科学技術経営研究科（ＭＯＴ）の社会人学生諸君との議論が大いに参考になった。私はこの社会人大学院ですでに数年教えていて、二〇〇八年四月からは専任として移籍する。彼らはいわばこの本の読者イメージに当てはまる人々である。彼らに集まってもらって、日頃の仕事の中で自分が疑問に思っていること、伊丹に書いてほしいこと、を議論したもらったことがこの本の原点である。エッセースタイルの、短い章立ての本のイメージも彼らとの議論から生まれた。その意味で、この本は読者がつくった本でもある。彼らの協力に心から感謝したい。

この本の基本的アイデアは、東洋経済新報社出版局長の大貫英範さんの持ち込みアイデアである。私は彼にいわばそそのかされて、書く気になってしまった。そして、そのアイデアを原稿にし本に仕立てる仕事を、同出版局の黒坂浩一さんがプロフェッショナルにサポートして下さった。お二人のそそのかしとサポートに、心からお礼申し上げる。

二〇〇七年六月

伊丹　敬之

経営を見る眼●目次

第2部 企業とは何か

第3部 リーダーのあり方

装丁　竹内雄二
本文・図表デザイン　マッドハウス

第1部

働く人と会社

第1章　人はなぜ働くか

働くことは、稼ぎと勤め

人はなぜ、働くのだろう。

働くというと、ついつい多くの人は会社に勤めるサラリーマンのことをイメージするが、社会の中には独立自営業の人もいる。一人で働いている人である。ラーメンの屋台を引いている親父さんや会計士事務所を一人でやっている人などを思い浮かべればいい。あるいは、大きな組織の経営者も、必ずしも「サラリーマン」ではないかもしれないが、働いている人の一人であると考えていい。

どのような形で働いているにせよ、働くことがその人にもたらしてくれるもっとも基本的なものは、「所得」と「すること」、その二つである。「稼ぎ」と「勤め」と言い換えてもよい。

それがあるから、人は働く。

所得はもちろん、経済生活をしていく上で必要なものである。働く人はまた、消費者でもある。その消費のためには、お金がいる。それを稼ぐために働く。

だが、働くということは稼ぎだけではない。その働くプロセスで、人は何事かをしている。その「すること」が意味をもつことも、大いにある。「勤め」があることは多くの人にとって、自分の存在意義のためにも、ありがたいのである。たとえば、定年になって勤めがなくなると急に老け込む人がいる、という話がある。それが、「勤め」の大切さを象徴している。

中には、稼ぎがなくてもボランティアでも働きたいという場合もある。それは、「勤め」の内容に自分として意義を大きく感じている人である。社会のためという高邁な目的でも、あるいは「人生の余暇の過ごし方の一部」という個人的な目的でもいい。そもそも「勤め」が欲しい人は世の中にたくさんいる。

しかし、他方で「すること」など何も欲しくないが、とにかく所得が欲しいから働くという場合もあるだろう。勤めの内容にはまったく関心がないが、もらえる「稼ぎ」だけに興味がある、という人もないわけではないだろう。稼ぎも勤めも、ともに欲しいと思っている人が多い、と考えるのが自然であろう。片方だけ、という人は少ない。

では、その「働く場所」を多くの人はなぜ会社に求めるのか。なぜ人は「会社で」働くのか。

一つのわかりやすい理由は、人間は一人ではあまり大したことはできないことが多いからである。多くの人間が協力してはじめて、意味のある仕事ができる。その仕事の場を提供してくれるのが、会社なのである。

多くの人が会社で働くことを選択するもう一つの理由は、集団に加わりたいからであろう。一人で生きていくのは、つらいのである。人間は群れる動物なのであろう。だから、何らかの形で集団に加わって生活をしたい。じつはもともと、人間は生まれた瞬間から家族という集団に属している。その個人生活の世界での集団の他に、勤めの世界でも集団に加わることを人は意識・無意識のうちに欲していることが多い。つまり、人間関係の場を多くの人は欲している。それを会社が提供してくれるのである。

人は何を欲するか：マズローの欲求五段階説

働くことの背後にある人間の欲求をさらに深く考えるためには、アメリカの心理学者アブラハム・マズローの欲求五段階説を参考にするとわかりやすい。人が会社で働く状況ばかりでなく、人間がそもそももっていると考えられる欲求を五つの段階に階層的に分けた説である（A・マズロー著、小口忠彦訳『人間性の心理学——モチベーションとパーソナリティ』産業能率大学出版部、一九八七年）。

その五段階とは次の通りである。

⑴生理欲求（physiological）

⑵安全欲求 (safety)
⑶愛情欲求 (love)
⑷尊厳欲求 (esteem)
⑸自己実現欲求 (self-actualization)

段階を追うごとに、より高次の欲求になっていく、とマズローは考えた。もっとも低次の欲求が生理欲求であり、もっとも高次の欲求が自己実現欲求である。そして、低次の欲求が満たされると、またそれが満たされたときに限って、一段階上の高次の欲求が出現するというのが、段階説である。

生理欲求とは、人が生物として生きていくために必要なものに対する欲求で、たとえば飢えをいやそうとする欲求である。この欲求が満たされれば、それをとことんまで追求しようともせず、次の段階に人間の目は移っていく。それが「安全」に対する欲求である。生理的、物理的安全ばかりでなく、社会生活上の安全、たとえば雇用の安全、なども考えるべきであろう。

その安全の欲求もかなり満たされると、人の目は「愛情」へと向かう。家族、友人など周りの人々との間の心のかよい合う関係、その人たちと同じものに参加あるいは所属しているという感情、そういったものを人は求め始める。

その次にくるのが、「尊厳」への欲求である。尊厳欲求とは、自分に対する安定的な高い評価への欲求、と言っていいだろう。この欲求には二つの種類がある。一つは「内発的」尊厳欲求で、自分の力、成績、自信、独立、自由、自分の重要性などを自分が感じたいという欲求である。もう一つは、社会的な認知、名誉、尊敬、に対する欲求で、外から認められたいという欲求である。この外発的な尊厳欲求は、社会的な存在としてのヒトにとってはきわめて重要なものである。

こうした四つの段階の欲求がすべて満たされると、人間の欲求が最後に向かうのは、「自己実現」である。自分が何をすることができるかを確かめ、それを実現しようとする。自己を表現しようとする。自己実現の欲求は尽きることがなく、その上はもうない。

この五段階で、前節で述べた稼ぎと勤めがもたらしてくれるものを考えてみると、ともに働く人にとってはきわめて重要で、かつ「会社で働く」ことの意義も大きいことがわかる。

まず、生理的欲求と安全欲求を満たすために「稼ぎ」が意味をもつ。生きていくために、そして安全で快適な生活を送るために、所得が必要なのである。

愛情欲求を人々は会社でも満たそうとすることが多い。つまり、職場社会の人間関係の中で、人々と親しみ、心豊かな関係をもち、「周りから愛されたい」という欲求である。一人ぼっちで仕事をしていては、この欲求は満たされない。

尊厳欲求には、稼ぎも勤めも両方とも意味がありそうだ。

内発的な尊厳欲求を、「勤め」の内容、仕事の内容が満たすことがしばしばある。多くの人が自分の仕事に関して、成果の上がる仕事、自信をもち得る仕事、自由にできる仕事、情報をたくさん知り得る仕事、など、「意義のある仕事」を欲しがるのは、この内発的な尊厳欲求を満たしたいからだ、と考えればよい。

勤めることによって外発的な尊厳欲求が満たされることも、大切である。それは、勤めの内容、勤めの仕方、その評価のされ方が、職場社会での社会的認知や尊敬、名誉、評価、につながるからである。会社の中で人々が地位にこだわり、人事評価にきわめて神経質になるのは、それが外発的な尊厳欲求に直接的に関連するからである。

稼ぎもまた、しばしば外発的な尊厳欲求に関連することがある。稼ぎが多い人ほど、職場社会の中での尊敬を集めたり、あるいは広く外部の社会の中での社会的認知の程度が大きくなる傾向がある。多くの人々が金銭的な報酬の大小に敏感なのは、何も生理欲求や安全欲求を満たす手段としてのカネが欲しいからではなく、カネの大小が「評価の高低」につながって尊厳欲求に関連してくるためである。

もっとも高次な欲求である自己実現欲求とは、勤めの内容でそれを満たそうとするものであろう。いわゆる仕事の面白さ、である。「自分が何をできるかを確かめ、その限界を広げ、そして自己を表現しようとする」ということは、仕事の場でもよくあることである。

経済組織体と職場共同体

人が稼ぎと勤めの両方を働くことに求め、働くことによってさまざまな段階の人間的欲求が満たされるということは、じつは会社というものが働く人々にとって、経済組織体でもあり、職場共同体でもある、という二面性をもっていることを意味している。

そもそも会社は、経済目的のために設立される組織体である。その会社と働く人は、雇用関係を結んでいる。雇用関係とは、まず第一義的には、働く人が労働サービスを会社に提供し、その見返りとして賃金という所得をもらう、という経済的関係である。こうと考えれば、勤めは「労働サービス」を提供するだけのものであり、会社は経済組織体として所得をもたらしてくれるだけの場、ということになる。

しかし、多くの生身の人間にとっては企業は「労働サービスをカネと引き換えに渡す場所」以上の役割を果たしている。それは、人々が勤めのために長い時間を会社組織の中で過ごし、また共同作業をしようとすれば、否応なしにそこに人間関係が生まれ、共同生活が生まれるからである。勤めは、自然に社会生活の場である職場共同体をも生み出すのである。

それは、「会社人間の多い日本に特有な現象」ではない。欧米でもどこでも、会社は「経済活動の場」と「社会生活の場」という二面性をもっている。その社会生活の場としての会社の重要性は、人間が会社の中で過ごす時間の長さを考えれば、ただちに納得がいく。一年間三六五日は、時間にすると八七六〇時間である。そのうち、動物としての生命維持のために使っている時間（眠る、食べる、など）を除く、人間が何らかの活動に自由に使える時間「自由裁量時間」は五〇〇〇時間強であろう。人々が年間二〇〇〇時間働くとすると、そのうち四割近い時間を人々は職場で使っている。じつに大きな部分なのである。

その時間の長さだけ、人間関係が職場で生まれ、さまざまな意味での社会生活の場が生まれる。その上、人々は自分の仕事の内容にさまざまなレベルの欲求（愛情、尊厳、自己実現）を求めることが多い。単に経済関係だけが会社の実態なのではない。こうした職場共同体の中で、人々は経済的な所得を超えたものを満たそうとする。

企業の経営を考え、雇用関係のあり方を考えるとき、経済組織体としての企業という側面だけでものを考えると間違うことが多い。

たとえば、短期流動的でかつ成果主義万能の雇用関係にすれば、おそらく職場に社会生活としての場はそもそも生まれにくいか、生まれたとしてもギスギスしたものになるだろう。もっとも一方で、長期安定的雇用も度が過ぎればぬるま湯としがらみだらけの場を生み出す危険があり、その企業は経済組織体としての活力を欠くばかりでなく、職場共同体としても活気はなくなる危険が高い。

この本ではたびたび、「ものごとの二面性」を指摘し、二面性につきものの「二律背反のジレンマ」を取り上げる。それは、「経営を見る眼」としては、どうしても必要なものの見方である。その第一号が、そもそも会社という場は何なのか、という二面性である。会社は、経済組織体でもあり、職場共同体でもあるのである。その二面性に本質がある。どちらかに偏った議論は、間違う。

参加と所属

その二面性は、会社と個人の関係のあり方についての二面性をもたらす。経済組織体への「参加」と職場共同体への「所属」という二面性である。

参加と所属という二つの言葉のニュアンスの違いは、三つの面で指摘できる。個人と組織とのかかわりの、時間的長さ、目的性、深さ、の三つである。

参加は、意図をもって（その意味で限定された目的を達成するために）起きるもので、関係の期間も別に長期になる必然性は小さく（目的を達すれば参加をやめてもいい）、そして関係もある意味で浅い。参加の目的にかかわる範囲で関係をもてばそれでよいのである。しがらみも少ないが、しがらみというコインの裏側にある「関与」も小さくなる傾向がある。

所属とは、長い期間にわたる関係で、目的は鋭角的に意識された単一のものというわけでなく、関係は深くなり、組織に属する人間たちとのつき合いも深くなる。その結果、しがらみも生まれるが、その一方で人間的な居心地のよさもないでもない。所属はしばしば無自覚的で、意図的な選択の結果ですらない。たとえばある家族や国に生まれて、その家族や国に所属する、というような例が意図的でない所属の典型である。

日本での会社と個人との関係をアメリカでのそれと比べてみると、この仕分けである程度の分類ができそうだ。日本での個人と会社の関係は「所属」に近く、アメリカの関係は「参加」

に近い、とおそらく多くの人が二つの国の平均的な傾向を理解しているであろう。言葉を換えれば、日本の企業は職場社会としての「共同体」的な側面をアメリカ企業より色濃くもち、アメリカ企業は「経済組織体」の色彩が日本より色濃い、と言える。

その違いを象徴的に示しているのが、日本では「就社」する、アメリカでは「就職」する、という二つの表現である。日本の大学生の就職先選びを素朴に観察していると、いまだに多くの学生はある「職」を選ぶのではなく、ある「会社」を選ぶ。就職ではなく、就社なのである。

こうした違いがあるのは企業に限定されることではなく、かなり多様な組織一般に言えそうである。たとえば、演劇の劇団という組織についても同じことが言える、という。

演劇を誰がつくっているのか日本と欧米で比べると、日本では固定的なメンバーからなる半永続的な劇団組織という形態で演劇が生産されているのに対して、欧米の演劇生産システムではそういう組織は稀で、プロデューサー方式と一括して呼べそうな、プロデューサー・演出家・作家というトップを構成する少数の固定的メンバーがそのつど俳優やスタッフを採用するという方式が圧倒的に多い。オーディション方式である。そして、「戦後幾度となく劇団制の危機が指摘されるたびに、日本においても幾度となくプロデュース公演の必要が唱えられてきたが、今日にいたるまで現代演劇の公演の圧倒的多数は劇団を単位としたものであった」、と私の同僚の佐藤郁哉さんは言う。

つまり、日本では俳優たちが「劇団に所属」する。アメリカでは「公演に参加」する。それは、共同体感覚の強い社会的伝統をもつ日本と、市場の流動性感覚の強い社会的伝統をもつアメリカ、という歴史と社会の違いの表れなのであろう。芸術家肌で個人の感覚と自由を重んじると思われる演劇人の世界ですら日本はそうなのだから、ましてや会社組織では日本では所属の感覚を経営する側も働く側も暗黙のうちに強くもっていると考えるべきであろう。

そこで、参加と所属の間の折り合いのつけ方が個人にとっては大切になる。純経済的な労働売買契約という「単純な」参加でもなく、共同体への「完全な」所属でもない、その二つの極の間のどこを自分は選択するのか。

会社の側からしても、組織や賃金のあり方、インセンティブシステムなどを決めるときに、二つの極の間のどこを会社として選択しようとするかは、重要である。

日本では所属感への欲求がどこかにあるために、所属する組織の中に職場社会として安定をもつような仕組みが望まれたりする。たとえば、きわめて大きな企業内所得格差がつくようなインセンティブシステムは、それで恵まれるはずの人すら格差が職場の社会的安定を損ねる危険を感じて、避けたいと思う部分がある。

組織のあり方、そしてそのマネジメントの基本原則を考えるときに、単に「参加」だけを暗黙の前提とする組織論で日本の現実を考えると、大きな間違いが起きるだろう。

第2章

仕事の場で何が起きているか

協働が起きている

会社の中で、仕事の場で、何が起きているのか。

もちろん、さまざまな作業が、仕事が行なわれている。営業マンは客先を回り、技術者は開発作業をし、工員さんは生産活動をし、管理者は管理業務をしている。しかも、営業も開発も生産も、チームでその仕事を行なっていることが多い。それをどのような眼で見ると、経営ということが見えてくるか。

経営という観点からまず第一に指摘すべきは、仕事の場では多くの人々の協働が起きている、ということであろう。ともに、協力し合いながら、一つのことを成し遂げようと人々が働いていることを、協働という。営業の中の協働、営業と生産の協働、などなどさまざまな協働が起きている。

もちろん、自然に協働が起きるわけではないだろう。そのためには、努力も工夫もいる。しかし、多くの人が一つの会社でともに働くことのもっとも基本的な意義は、一人ではできないことも多くの人間が協力すればできるからである。協働にこそ、会社の本質がある。したがって、人々が協働をしやすくなるように、協働をしたくなるように仕向ける、つまり協働の促進が、マネジメントの本質なのである。

マネジメントとは、支配あるいは管理と訳されることもあるが、それでは経営者や管理者が人々の活動を完全に支配しているかのごとくのニュアンスが生まれる。それは現実として、正しくない。人々はそれぞれに判断力をもち、自律的に動ける能力と感情をもち、お互いに情報や気持ちを交換しながら、それぞれに動いている。なかば、自律的な存在である。

それでいて、人々は勝手気ままに動くだけというわけではない。多くの人は、他人と協働したいと思う気持ちも自然にもっている。その協働の意欲をわきたたせ、協働がしやすいような状況づくり、条件づくりをするのが、マネジメントの役割なのである。

その協働をスムーズに行なうために、しばしば組織の中には階層（ヒエラルキー）が生まれる。そのほうが情報交換の効率が優れていることが多いからである。

たとえば、七人の人が協働するとしよう。各人は全体としての協働のために自分の分担すべき仕事を決める必要がある。そしてそのために、互いの情報交換や連絡が必要となる。そのとき、七人がまったく対等で同じような立場にあると、お互いに全員と情報交換した上で話し合わないと自分の分担は決まらない。それには多数の連絡が必要となるだろう。しかし、七人のうちの誰かを「中心役」としてその人が分担を決めることにすれば、連絡はその人と残りの六人とが個別にして、中心役のところに情報を集中すればいい。つまり、六通りの連絡だけで済む。中心役を仮に「上の人」とイメージすれば、階層をつくったほうがはるかに情報効率がいいのである。その「上の人」の仕事が、マネジメントなのである。下の人を支配することがマネジメントの仕事なのではない。

カネ、情報、感情が流れている

そうした協働の場では、人々の間に同時に三つのものが流れている。カネ、情報、感情である。人が集まって会社の仕事を一緒にすれば、必ずそこには、カネの流れ、情報の流れ、感情の流れが同時に起きるのである。

仕事をしている人をロボットのように考えてしまうと、仕事の場は人々が労働サービスをカネと引き換えに提供している場だと考えてしまう。そして、カネを受け取る代償に命令を聞く、服従をする、というイメージが生まれる。このイメージをもてば、仕事の場に流れるのは、命令であり、労働サービスであり、カネである。

しかし、仕事をしている生身の人間は単にカネと引き換えに労働サービスを提供するだけの、ロボットのような「物質的存在」ではない。人々には、感覚器官があり、頭脳があり、心がある。彼らはみんな、情報的存在でもあり、心理的存在でもある。人は、他人とコミュニケーションをしながら仕事をしていく。他人と情報交換や情報共有している。そして人は、仕事の中で喜んだり、落ち込んだり、仲間と共感をもったりする。

つまり、人々の間には、仕事のプロセスの中で、情報が流れ、感情が流れている。カネとモノ（サービス）、そして命令だけが流れているのではないのである。つまり、仕事の場ではふつう、カネ、情報、感情が、「あらゆる仕事に伴って否応なしに」流れている。

カネの流れは、経済組織体としての企業ということを考えれば、もっともイメージしやすい。企業の中の仕事の場とは、企業という経済組織体が市場に製品を送り出したその対価としての販売収入をカネという形で受け取るための仕事の場である。そのために、仕事に必要なさまざまなモノを買う。そこでもカネが流れる。さらに、個々の人にとっても、仕事の場は自分の労働サービスを提供して対価として賃金をもらう場になっている。こうして、さまざまなカネの流れが仕事に伴って発生している。

しかし、それだけではない。第二に、仕事の場では情報も流れている。人間は学習する存在、情報処理をする存在であるから、仕事をしながら情報が必ず流れている。たとえば研究開発や市場調査の仕事をしている場合には、それは意図的に情報の流れを起こすための仕事になっている。しかし、生産や販売という、情報の流れとは無縁に見える作業をやっている人たちも、仕事のプロセスの中でさまざまな観察をし、学習をしているのが常である。学習の量、観察の細かさは人によって違うかもしれない。しかし、何らかの形で情報を自然に獲得している。そして、誰かが獲得した情報を別の人に伝達しようとするコミュニケーションも起きる。

こうしてさまざまな形で、仕事の場に情報が流れ込み、情報の伝達・交換が行なわれている。つまり、仕事と共に、情報が否応なしに流れているのである。

そうした仕事をしている人々は、必ず感情をもち、心理的な動きを自分の中に抱えた存在である。であれば、仕事をしながらやりがいを感じることもある、つまらないと思うこともある。あるいは仕事上のトラブルでやけになることもある。さらには、仕事がうまくいけば、別にすぐに自分の給料が上がるかどうかとは関係なく、達成の喜びも感じるだろう。逆に、失敗すれば、意気消沈をする。

そうして一人ひとりの個人の感情の動きだけでなく、多くの人々が協働している組織という人間集団の中では、個々の人の間に感情の相互作用が起きることも多い。たとえば、多くの気の合う仲間と一緒に仕事をしていると、高揚感を感じる。元気のいい人たちと仕事していると、自分までウキウキしてくる。逆に、仲間内にチームワークを乱す自分勝手な行動を取る人がいると、そこからしらけた雰囲気が伝染することもある。

つまり、仕事をするという活動と共に一人ひとりの人間の心に何らかの感情の動きが生まれる。さらに一人の感情の動きが他の人々の間に伝染・影響といった相互作用をもたらしたりもする。そうした心理的な相互作用の結果、「仕事の場には感情が流れている」、とでも表現すべき現象が起きるのである。

仕事の場で三つのもの（カネ、情報、感情）が自然に流れるという事実は、こう考えてみると自明のことに見える。しかし、会社の仕事の現場をカネの流れと命令の流れを中心に見てしまうと、人々の間の情報の流れと感情の流れに十分な注意がいかなくなる。自明であるはずのことが、自明でなくなる。それでは、現実の正しい理解はできない。

もちろん、「自然に流れる」と言っても、活発な流れもあるだろうし、活発でない場合もあるだろう。あるいは、起きるはずの流れが悪くなっているという現象もあり得る。それは、本来はあってもいいはずの流れが起きていないのである。

三つのものの流れを活発にするにはどうしたらいいのか。それが、マネジメントの本質である。それは、「協働を促すための条件は何か」という問いと本質的に同じ問いなのである。

タテにもヨコにも流れている

仕事の場で流れる三つのもののうち、カネの流れと命令の流れは、タテ方向の流れが中心であろう。仕事の場のヒエラルキー（階層組織）を上から下へと流れるタテ方向の流れである。上から命令が流れ、それに応じて労働サービスが提供され、その見返りにカネがまた上から流れる、というわけである。情報の流れという観点で見れば、上からの命令は、命令という名の情報である。また、命令が下される前の段階で下から上への報告という情報の流れが起きていることも多いだろう。その報告に応じて上司が命令を下す。報告と命令はいずれもタテ方向の情報の流れである。

その命令とその後の実行プロセスの中で、上司と部下の間でタテ方向に感情が流れることも容易に想像できる。おかしな命令を受ければ、部下は腹が立つだろう。命令通り実行しない部下を見ていれば、上司もまた腹を立てる。他方、大きな事を任せるような指示が下りてくれば、部下は意気に感じるだろう。仕事を立派にこなす部下を見ている上司は、うれしくなるものである。

こうして、カネも情報も感情も、タテ方向の流れが多いのは協働のためにヒエラルキーが必要になることを考えれば、理解できる。やはり組織にとっては指揮命令系統は大切なのである。しかし、仕事の場で情報や感情が流れるのは、何もタテ方向ばかりではない。ヨコ方向に情報も感情も流れることを、明確に認識することが大切である。仕事の場の組織がヒエラルキー(階層組織)になっているからといって、タテの流れだけを見てはならない。

ヨコの流れが大切なのは、サッカーのゲームを見ているとよくわかる。プレーヤーは、別に監督の指示をいちいち仰ぎながらすべてのプレーをやっているのではない。彼らが、他のプレーヤーの動きを見ながら、アイコンタクトをしながら、自分で判断して動いている。ボールを出している。自分の観察もヨコの情報の流れであり、他のプレーヤーからの合図もヨコの情報の流れである。その情報を瞬時に総合判断して、彼らは動いている。

そして、誰かが献身的な走りをしてスペース（敵が少なくボールを比較的自由に扱える場所）をつくったりすれば、それを見ている別のプレーヤーも「自分もしなければ」と意気に感じて頑張る。あるいはそれとは逆に、フォワードが「ボールを早く自分のところに寄こせ」とゴール前でふんぞり返っていれば、しらけるミッドフィールダーも出てくるだろう。プレーの中で、ヨコに感情の流れが起きるのである。

会社の組織の中の仕事も、まったく同じであろう。人間は他者の動きを観察する能力のある優れた情報処理機構であり、かつ他者との共感から心理的なエネルギーが湧いてくる心理的存在である。その人間が集団で仕事をやっているのだから、上司だけでなく同僚やチームメイトとの間に自然に情報と感情の流れが起きる。それが、ヨコの流れである。

情報と感情のタテ方向の流れに気をつけるのは、組織のマネジメントとしてもちろん必要である。しかし、組織のメンバーの間のヨコ方向の流れがうまく起きるように、彼らがうまく相互に刺激し合うように、さまざまな条件づくりに気を配るのもまた、マネジメントの要諦である。

分配が起きている

カネと情報と感情は、単に会社の組織の中で、人々の間で流れているだけのものではない。

流れた結果、どこかにたまったりする。誰かが多く獲得したりする。少なくしか手に入らない人も出る。その結果、じつは富と情報と権力と名誉が人々の間で分配されることとなる。富も情報も権力も名誉も、多くの人が欲しがるものである。仕事の場では、その大切なものの分配が起きているのである。

一番わかりやすいのは、富の分配であろう。企業に働く人々の間で、たしかにカネの分配が行なわれている。年功制とは、年を取った人がカネの取り分が多い（つまり給料が高い）という仕組みである。成果主義とは、成果を高く上げた人の取り分を多くする、という仕組みである。会社の賃金制度は、カネの分配の仕組みなのである。

会社の中で、関係者に分配することのできるカネの原資は、限られている。売上げから義務的な外部への支払いを済ませた残りの金額しか、その分配の原資はない。そして、カネは、誰かが多く取れば、他の人の分配はそれだけ少なくなるという、いわゆるゼロサムの性質をもっている。だから、富の分配をめぐる取り合いの競争は、熾烈になることがしばしばである。

情報の分配も起きている。自分のところへ情報を集め、しかし他人には伝えないようにしようとする人もいる。情報をもつことによってその人の判断の視野は大きくなるだろうし、他人に情報をもっていることを誇示することによって、自分の影響力を強めることもできる。あるいは、ガラス張りの経営をして、情報を多くの人で共有するよう努める経営者もいるだろう。情報は誰かがもっているからといって、他の人の所有量が減るような、ゼロサムの性質はもっていない。その点、カネとは違う。しかし、情報は分割されてもたれている場合も多く、その情報の量と質も人によって違うという意味で、分配が起きているのである。

権力もまた、仕事の場で分配されているものの一つである。仕事の中で誰が権限をもつか。誰が重要な仕事をするのか。そうした仕事の仕方や組織のつくり方などに応じて、人々の間の権力の分配も行なわれている。すべての権限を少数の人に集中しようとする組織もあれば、多くの人に権限を委譲して権力の集中を防ごうとする組織もある。

権力の分配は、組織の権限のあり方や地位のつくり方によって左右される。だから、多くの人が地位に敏感になる。しかし、権限や地位だけが権力の分配を決めているのではない。情報の分配に応じても、権力は変わる。情報をもつことは実質的な権力、影響力をもつことに等しいことがしばしばである。だからこそ、情報がどこに集まるか、仕事の場で多くの人が気にするのである。

地位や報酬は、単に権力や富の分配の機構として機能するばかりでなく、名誉の分配機構にもなっている面がある。高い地位は大きな名誉、と思う人が多いだろう。あるいは、仕事の種類が名誉の大小を決めているときもある。多くの会社で、スター部門とか主流の仕事などがある。その仕事の担当に配置されたということが、名誉なのである。

こうした例でわかるように、会社の人事のあり方は単に報酬や権限を決めているだけでなく、人々の名誉を決めている面があるのである。だから、みんなが気にする。もちろん、人事だけではない。仕事の場では、じつにさまざまな形で名誉の分配が起きている。

これらの例示からもわかるように、富と情報と権力と名誉の分配は、組織のマネジメントのあり方次第で大きく変わる。分配をよくしてもらえば人々のやる気が上がり、分配が少なければ逆にやる気を失う。自分へのより大きな分配を目指して微妙に自分の行動を変える人も多いだろう。しかし、分配には限度がある。無制限にすべての人に分配するわけにはいかない。その分配の按配は、容易ではない。

会社の側から見れば、マネジメントの一つの本質は富と情報と権力と名誉の適切な分配にある、と言ってもいいだろう。それを分配される個人の側から見れば、会社は彼らの人生にとって大切なこれら四つのものの分配を決めてしまっている存在なのである。

第3章 雇用関係を断つとき

断ち方でコミットメントは変わる

会社で働くと一口に言っても、その雇用関係にはさまざまなパターンがある。たとえば、正社員と契約社員という違いである。その正社員の中にも、希望退職の募集という形でリストラを受ける人も出るし、定年後も雇用延長をしてもらえるような場合もある。

こうしたさまざまな雇用関係の本質がもっとも出るのは、「関係を断つ」ときであろう。どのような状況の下で、雇用関係を断つことがあらかじめ想定されているのか。その条件や切り方は何か。当然のことだが、「関係を断つ」という行動は、雇う側も雇われる側も、どちらも取り得る行動である。

関係の断ち方の事前の想定（雇用関係に入る前の想定）という点で言えば、正社員と契約社員とでは大いに異なる。

正社員は、暗黙のうちに長期雇用を前提としていることが日本では多い。しかし、契約社員の場合は、あらかじめ期限を決めて、その期限が来たら関係を断つことを前提としていることが多い。もちろん、契約を更新することは可能だが、契約終了の時点で双方に更新の自由が生まれることが条件化されている。

契約社員は会社にとって、銀行借り入れと似ている。満期が来たら関係がいったん終わること、そして更新があり得ることを事前に想定している点が似ているのである。会社にとって銀行借り入れはいわば「逃げることを想定した資金調達」であるように、契約社員も会社にとっては「逃げることあるいはいなくなることを想定した人的資源の調達」なのである。

資源を提供する側にとっても、銀行の貸し付けと契約社員の労働提供は似ている。銀行も契約社員も、条件次第で期限が来たら自分で逃げる自由を確保し、しかし資源提供の見返りはきちんと事前に定めて、はじめて資源を提供している。

その点、正社員は株主と似ていなくもない。「逃げる期限」はきちんと決めていないし、逃げる条件も決めているわけではない。働くことへの見返りも、ボーナスなど業績に応じて変動する部分がかなりある。事前に固定条件にしていないのである。また、関係を断つことについても、資源提供者も会社側も、意図的に関係を断つ行動を起こさない限り資源提供が続くことを想定した関係である。つまり、正社員は逃げない労働を提供し、株主は逃げないカネを提供しているのである。

逃げないとは、会社組織へのコミットメントが少なからずある、ということである。ただ、「少なからず」だから完全なコミットメントではない。正社員が転職するのは自由だし、株主が株式市場で自分の株を売ることも自由である。契約社員にはコミットメントはない。それを要求するのは、筋違いというものであろう。最初から、逃げることを想定しているのである。

コミットメントの違いは、職場での出来事に大小さまざまな影響を与えるだろう。とくに、一つの職場で正社員と契約社員が混じり合って同じような仕事をし始めると、その影響が出てくる。

たとえば、契約社員が増えると、ノウハウが社内に蓄積しにくくなりそうだ。なぜなら、契約社員がその会社独自のノウハウを蓄積しようとするインセンティブはあまりない。そもそも、コミットしない前提なのだから。また、蓄積を仮にしたとしても、契約更新で関係が続かない限り、その蓄積をもった社員が他の会社で働くことになる。

社内の雰囲気も契約社員が増えるとずいぶん変わることが多いだろう。ぱたっと五時で帰る人ばかりなら、何か盛り上がらないだろうし、正社員が契約社員に相談を持ちかけても、「いや、別にどうでもいいです」と言うのがむしろ当たり前だろう。職場の人間関係が希薄になるのが当然なのである。

もちろん、経済組織体としての会社にとっては、契約社員のメリットはたしかにあるだろう。

正社員のもっていないスキルを組織の中にもたらしてくれるという大きなメリットもあるだろう。正社員雇用では固定費になりがちな人件費をいわば変動費化できることも、契約社員の経済的メリットであろう。しかし、職場共同体としての会社という面を考えると、契約社員の割合が大きくなればそもそも職場共同体として成立しにくくなる危険も増す。

雇用関係の断ち方の想定が、仕事の場のあり方に微妙な影響を与えるといういい例である。

流動的な労働市場は望ましいか

労働市場をもっと流動的にすべし、という議論が一九九〇年代後半からの日本で盛んに行なわれた。市場が流動的になるということは、古い雇用関係を断ち新しい関係を求める頻度が増すということである。雇用関係を断つ頻度が増え、その自由度が大きくなるほうが、会社側であれ働く人の側であれ、望ましいという議論であった。

たしかに、たまたま就職した会社が自分には合っていない人も多いだろう。あるいは、別な舞台で自分を試したい人がいてもいい。そうした人たちのために、「自由を求めての流動化」の余地が確保されているのは、本人としても社会としても、健康なことである。

しかし、流動性には働く人々の自由を求めての流動性ばかりでなく、切られて否応なしに「させられる流動性」もある。解雇されることによって生まれる流動性である。したがって、労働市場が流動化するということは、「自由を求めての流動化」も「させられる流動化」も、その両方が起きることになるのである。二つの流動化の効果が総体としてプラスに転ぶかマイナスになってしまうか、じつはそれほど簡単に結論できることではない。

事実の経過としては、労働市場の流動性を高めよという提言は結局、広範に採用されることはなかったようである。たしかに、あまりにも過剰な人員を整理する動きはあった。一部の産業や職種で転職も増えた。しかし、国全体としては実際に労働市場の流動性はそれほど高まることはなかった。二つの流動化の効果が総体としてそれほどプラスではなかったのだろう。

労働市場の流動性が高いと、会社側にも働く人の側にも、メリットもあるがデメリットも生まれる。

働く人の側にとっての高い流動性のデメリットの最大のものは、いつ自分が「させられる流動性」の犠牲になるかもしれないという危険が高まることである。たしかに高い流動性は一部の優秀な人、目立ちやすい仕事をしている人にとってはメリットが大きいだろう。自分が転職によって上昇していく道が開けるからである。しかし、そんな人は世の中の一部にしか過ぎないのではないか。

あるいは、職場をコロコロと変えると、働く人にとってノウハウや知識の蓄積が有効になされないというマイナスもあるし、また異なった職場共同体の心理的ストレスもまた大きいだろう。

会社側にとっても、高い流動性はデメリットが案外大きい。たしかに、景気変動とともに雇用量を柔軟に変動させる自由度を会社は得ることができそうに見える。必要な人材を自由に市場から調達する自由度も増しそうだ。しかし、その裏側で自由の代償としてのデメリットも生まれる。

そもそも組織なるものがなぜ必要かを考えると、流動性が高いと案外マイナスが大きいことが見えてくる。

流動性が高いということは組織というチームを安定的に組めないということを意味する。メンバーが流動的に替わるからである。それでは、ノウハウの蓄積やチームスピリットの醸成などに、マイナスであろう。そして、いずれ放り出されると働く人が思えば、企業へのコミットメントは小さくなり、カネをもらった分だけ働くという態度になるであろう。それでは、企業としての発展に必要な知恵やエネルギーを従業員が出してくれなくなる。

また、雇用の柔軟な変動の対象になってしまう働く人々が当然に取るであろう「自衛」行動から生まれるマイナスもある。自己防衛の結果、どんな対抗措置が生まれるか。それを考えなければならない。

たとえば、柔軟な変動を認める代わりに補償要求が大きくなる。あるいは、雇用変動にルールを設けるような要求もあり得る。企業の恣意的な理由による雇用変動を防ごうとするのである。雇用変動の被害者になる人々が団体で政治行動を起こすこともあり得る。昔の労働組合運動は、典型的にこうした政治的防衛運動であった。

問題は、働く人々の側のこうした自己防衛行動の結果、雇用関係がかなり硬直化させられてしまう危険があることである。たとえば、ロボットの導入や自動化に対して、反対運動が起き、そのために技術革新が遅れたのが、アメリカで実際に起きた硬直化の例である。

こうしたデメリットを考えると、労働市場をあまり流動化させないように、会社側が雇用を守るように動くほうが、結果としてよほど効率的であり得るのである。

雇用を守ることの意義

しかし市場原理主義者たちは、会社が雇用を守るのではなく、労働市場を機能させて企業間の労働移動を盛んにして産業構造の改革や新産業の創出を可能にしたほうがいい、と言うだろう。そして、新産業の創出の準備と労働市場へ放り出される人たちへの社会的セーフティネットの準備を政府がすべき、とも言うだろう。

しかし、会社が雇用を守るというスタンスを基本的にもち、雇用機会の創出と新しい機会への移動のプロセスをかなり民間企業自身が分担したほうが、じつは社会的に効率が高いと思われる理由が十分ある。

たしかに、国全体の産業構造転換のための社会基盤の整備というような大きな問題となると政府の出番であろう。しかし個々の雇用の創出や移動のプロセスをかなり政府が担当するとなると、政府自身が資源を投入してそうした作業を行なう、あるいは請け負わせることになる。

そのための資源は、結局税金でまかなうことになる。つまりは、最終的なコスト負担は民間である。

だが、同じ量の資源を投入するのなら、民間企業が自分自身の事業分野への関連性をもたせながら新しい事業機会を探索して雇用機会を確保する、そのための再訓練を行なう、新しい機会への人のマッチングを行なう、といったことを行なったほうが、効率がいいと思われる。

その理由は、まず第一に、探索されるべき機会についての情報、移動すべき人についての情報を豊かにもっているのは、事業を実際に行ない移動対象となる人々の人事管理をやってきた会社だからである。情報をもっている主体が雇用移動のプロセスを担当するほうが効率がいい。そして第二に、政府の効率性は何事によらず低い傾向があるからである。

さらに、企業が雇用を守ろうとする姿勢をもつということは、雇用機会の創出とそこへの移動の責任を企業がかなりもってしまうということを意味する。民間企業は自分の責任ということになれば、政府が社会的責任としてこうした業務を分担するよりも、動機はさらに強くなるだろう。動機が同じでも効率がよいと思われる民間企業が、「雇用を守る」と考えることによって、雇用創出と移動の円滑化への動機をより強くもつようになるのである。

つまり、動機もより強く、効率性も高い「民間版セーフティネット」のほうがよほど社会的にも望ましい。

その上、雇用を守る姿勢を会社がもてば、働く人のコミットメントはそれだけ強くなるだろう。それはその会社にとって望ましいことである。雇用関係の断ち方に対する姿勢は働く人のコミットメントに深く関係するのである。

リストラというぎりぎりの決断

それでも、雇用を会社側が守りきれないことも十分あり得る。

産業構造の変動で事業への需要が大きく減少するとき、あるいは海外との競争に負けて国内での事業継続の可能性が極端に小さくなったとき、経済組織体としての会社が雇用を守り続けることがとてもできない場合がたしかにある。古い例なら、石炭から石油へとエネルギー革命が進んだ一九六〇年代に、石炭産業で大きなリストラが続いた。あるいは、一九九〇年代から二〇〇〇年代初頭にかけては、バブル期の過剰採用と一九九〇年代の経済低迷、そして東アジアとの競争、と悪条件が重なって、過剰雇用が多くの企業にとって生まれてしまった。

そんなとき、雇用のリストラを経営者は考えざるを得ない。別に株主のためにリストラをやるのでなくとも、会社という経済組織体の将来を考え、あるいは働く人全体の将来を考えたとき、リストラがぎりぎりの決断の選択肢として登場することは、十分あり得る。しかし、それは「ぎりぎりの決断」であって欲しいと多くの働く人は思うであろう。

リストラの危機的状況は、嵐に翻弄される船で積み荷どころか乗組員の一部まで船から離れてもらわないと船全体が沈没する危機にさらされていることと似ている。問題は、どの程度の嵐まで我慢し、最後にどの程度の乗組員にどういう形で船から去ってもらうか、ということである。

しかし、リストラが必要な状況になってしまった責任は働く人々にはないのがふつうである。したがって経営者は三つのことをやらなければならないだろう。

第一に、経営者による陳謝と感謝である。去る人々が去らざるを得なくなったのは、彼らの個人的な責任ではない。もちろんそのときの経営者の個人的責任でもないが、しかし「経営」というやや抽象的な総体の責任で彼らが離船することになったのは事実なのである。それへの陳謝、しかし離れてくれることによって全体を救ってくれることに対する感謝、その二つの気持ちの表れが真摯にあるかないかで、去る人々の納得性は変わるだろう。

第二に、去る人々への「過分なほどの」補償である。割増退職金の十分なる用意であり、退職した後の職場の確保への企業の応援である。ここでケチると、もめる。そして後に残る人たちにも悪影響が及ぶ。いつ簡単にリストラされてもおかしくないという気持ちが生まれ、コミットメントが下がる。

第三に、会社に残る人々も賃下げや厳しい人事制度改革などで痛みを分かち合うことである。それによって、去る人と残る人の間で「痛みのシェアリング」をするのである。「痛みのシェアリング」とは、去る人も残る人も痛みを分かち合い、バランスを取る、ということである。去ることも残ることもそれなりに辛いというバランスを取らなければ、去る人たちに「なぜ自分たちだけが」という思いが生まれ、抵抗が生まれる危険がある。

この三点セットを揃えるのは、じつは容易ではない。きちんと謝れる経営者がどれだけいるか。十分なる補償には巨額のキャッシュが必要となることがしばしばであるが、そのキャッシュをリストラが必要な状況できちんと用意できるか。そして、残る人々に厳しい待遇を強いる強さがあるか。

この三点セットが用意できないと、ついつい小出しのリストラになってしまう。しかし、謝らずに済む程度の、キャッシュの負担のそれほどではない程度の、残った人に厳しいことを強いなくても済む程度のリストラでは、嵐への対応としては不十分であることが多い。だから、次の小出しのリストラが必要となる確率が高い。

小出しのリストラの連続は、働く人のモラルを考えれば、最悪であろう。雇用関係を断つことを会社側が覚悟したら、それ相応の覚悟でなければならないのである。

第2部

企業とは何か

第4章　企業は何をしている存在か

企業という存在

企業というと何をイメージするだろうか。

利益を追求する組織という答えが返ってきそうだが、企業という存在すべてに利益の追求は不可欠だろうか。

それは企業をどのように定義するかによる。一般的な国語辞書を引くと、事業を行なう営利体、という定義が載っている。しかし、企業という言葉は、たとえば公共目的のための事業体にも「公企業」という形で使われる。空港を運営する会社などである。

では、そうした広い意味で捉えられた企業という存在は、どのように定義されるものなのだろうか。私は、次のように定義したらよいと思っている。

「製品・サービスの提供を主な機能としてつくられた、人と資源の集合体で、一つの管理組織のもとにおかれたもの」

この定義は、三つの部分から成り立っている。まず、企業の機能は社会に対する製品あるいはサービスの提供であること。第二に、企業は人と資源から構成されていること。第三に、その資源の集合体は、「一つの」管理組織のもとにあること。

第三の部分が、企業の境界をある意味で決めている。たとえば、日本の電力産業全体は人と資源のある集合体とみなせる。その集合体全体が、第二次世界大戦中は一つの管理組織のもとにおかれていた。だから、産業全体が一つの企業だった。しかし、戦後九つの会社に分割されて、同じ人と資源の集合体が、九つに分割された管理組織のもとにおかれることになった。したがって、企業が九つになったのである。

逆に、法律上の人格としての法人という形では複数に分かれていても、一つの企業とみなしたほうが「一つの管理組織のもとにある資源の集合体」という意味では適切な場合がある。グループ連結経営を行なって複数の法人を一つの管理組織が束ねているような場合である。法人としての法律的境界と、企業としての実質的境界は違うと思ったほうがわかりやすい。

こうして定義された企業には、屋台のラーメン屋さんや近所の八百屋さんから、トヨタ自動車のように日本を代表するメーカー、さらにはNTTのような通信企業や商社・銀行、新東京国際空港会社のような公企業まで入る。じつにさまざまな企業がわれわれの周りで、われわれの生活を支えている。彼らによって日本経済の中で起きている経済活動の大半が行なわれているのである。

しかも企業は資源の集合体として、一人の人間の個人事業を超えて存在するのがふつうである。つまり、複数の人間が参加して行なわれるのが、企業のもっとも当たり前の姿である。複数の人間の集合体として企業が組織されると、法人として法律上の人格をもつように組織されることが多い。いわゆる「会社」である。そうした会社が企業の平均的イメージであろう。

本質は技術的変換

では、こう定義された企業は何をしていると考えればよいのか。

その答えは、先に挙げた企業の定義の中にすでに部分的には出ている。それは、「社会への製品・サービスの提供」、である。しかし、さらに一歩踏み込んで、その提供のために企業は何をしているのであろうか。

だれにでも容易に手に入る製品やサービスであれば、とくに企業が存在してその提供を業とする必要はない。その提供プロセスに何らかの困難さが伴うからこそ、その困難さを解決する努力が企業の「提供プロセス」の中核になるのである。

その中核とは、「技術的変換」、とでも呼ぶべきものである。それが企業がしていることの本質である。

たとえば、鉄という金属材料を考えてみよう。それが、どこの土地にも鉄材という形で自然に転がっているものなら、それを運搬する業が成立するかもしれないが、鉄をつくるという企業は存在しないだろう。つくる必要がないからである。したがって鉄鋼企業の中核的実体は、鉄鉱石に熱を加えて、酸化還元によって鉄という金属をつくりだす作業にある。つまり、鉄鉱石や石炭・石油といったインプットを鉄というアウトプットに変換する技術的プロセスが鉄鋼企業の中核的作業なのである。

そういう意味で、企業とは「技術的変換体」のことである。その技術的変換を実行するために、企業はさまざまな資源を必要とする。資本、人、技術、マネジメント（組織）、他者とのネットワーク、などである。そして、そうした資源を、統合的な管理の下においてこそはじめて効率的な技術的変換が可能になる。だからこそ、「一つの管理組織のもとにおかれた資源の集合体」という企業の実体が生まれるのである。

企業は、しかし市場の中に存在するものである。企業は市場からさまざまなインプットを取り入れる。そして、自らのアウトプット（製品・サービス）を市場に提供して売っている。つまり、購入や販売という市場での取引を企業は行なっている。たしかに、そうした交換や取引活動も、企業のしていることの一部ではある。しかし、それらは、取引自体が企業に意味があるのではなく、技術的変換を行なうために必要なのである。企業による市場での取引や交換は、技術的変換という企業の中核的作業に必然的に伴う作業として必要になってくる。

つまり、すべての根幹は技術的変換にある。これが企業の本質である。したがって、技術がなくなった企業は、もはや企業ではない。たとえば、銀行預金だけをもってその利子だけで収入を得ているような企業は、本来の企業ではなくなった経済的存在である。

製造企業でなくても、流通や金融といったサービス業でも、企業の中核的実体は技術的変換にある。たとえば、流通企業は、商品の空間的な移動を中核として、またその提供プロセスそのものを担当する企業である。その中核は商品の空間移動や商品のプレゼンテーションの技術にある。つまり、世界のあちこちに存在する商品を買いつけ、それを店舗にひとまとめにして集結させ、さらにそれを顧客が購入するプロセスそのものを工夫する。すべて、硬い言葉で言えば、「技術的変換」なのである。

銀行も、資金の出し手と借り手の間に立って、仲介を行なう仕事である。資金に対する期間的なニーズ（短期か長期か）でも、資金の単位の大きさという点でも、あるいは許容できるリスクの大きさという点でも、資金の出し手と借り手のニーズは千差万別にバラバラに存在している。それらをうまく合致させ、資金の需給のバランスをつくりだすための技術的な工夫が、銀行の業務の中核である。それもまた、「カネの技術的変換」という仕事なのである。

外の世界とカネ、情報、感情のやり取りをしている

第1部で、企業の仕事の場で働く人々の間で、カネの流れ、情報の流れ、感情の流れが起きている、と述べた。

同じように、企業を一つの行動単位として見て外部の世界とのやり取りを考えてみると、企業は外の世界との間でもカネと情報と感情の流れを起こしている。企業と外界との間にも、企業の技術的変換のプロセスに伴って、カネ、情報、感情のやり取りが起きているのである。

もっともわかりやすいのは、カネの流れである。技術的変換のためにインプットを買えば、その対価としてカネが企業から取引相手へと流れ出る。変換したアウトプットを売れば、その対価としての売上げがカネとして顧客から企業に流れ込む。企業会計の仕組みが測定し描写しているのは、このカネの流出入のプロセスである。

企業の技術的変換活動に伴って、情報の流れもまた企業と外の世界との間で起きている。たとえば、鉄のメーカーが技術的変換をより有効に行なおうとして新しい製鉄法の開発を行なうとき、それはその企業が鉄の化学反応の新しいあり方を学んでいるという姿である。発見される原理は自然が秘めていたもののはずであるから、それは自然から学ぶという活動である。つまり、自然という外界から企業が学ぶという情報の流れが起きているのである。

あるいは、新しい技術的変換の成果としての新製品を消費財メーカーが発売すれば、それが

売れるかどうか、そして消費者がその新製品のどこを好むのか、メーカーは知ることになるだろう。それは、消費者のニーズについての情報が、消費者から企業へと流れているという現象である。質の高い情報が大量に流れる企業は、ニーズにあった技術的変換ができるようになるだろう。

さらに外の世界との感情の流れも、企業の技術的変換活動にはつきものである。製品を買った顧客は、いい製品なら喜びの感情を企業に流すだろう。不良品を届ければ、怒りが返ってくるだろう。それが信用の失墜につながり、企業が破滅することすらある。

取引業者も同じである。不当に扱われれば怒り、いい仕事を一緒にできれば、喜ぶ。単なる金銭的な取引を超えて、そうした感情が流れることは稀なことではない。そうした感情が流れた実績があればこそ、いざというときの無理が利いたりする。顧客も取引業者もすべて、やはり生身の人間なのである。

もちろん、三つの流れが起きているとはいっても、経済組織体としての企業にとってはカネの流れがもっとも基礎的なものである。市場経済というカネを媒介とする経済の中で企業が生きている以上、カネが流れなければ企業は死ぬ。それは血液の流れない人間と同じことである。

しかし、血液が流れるだけでは人間としてきちんと機能できないのと同じように、企業がきちんと機能するためには、人間の神経に該当する情報の流れ、人間の心に該当する感情の流れが必要なのである。

経営を見る眼としては、三つの流れを総合的に見る「三眼の発想」をもたなければならない。

付加価値を生み出している

企業がその本質である技術的変換によって直接的に生み出すものは、製品であり、サービスである。しかし、製品やサービスを生み出して市場に提供するプロセスで三つのもの（カネ、情報、感情）を外界と企業がやり取りしていることに着目すると、それぞれの流れが「生み出してくれるもの」が見えてくる。それは何か。

カネの流れに注目すれば、企業は付加価値というものを生み出している。

付加価値とは、企業の売上げという外部からの収入から、その売上げを生み出すために企業が外部から購入したインプットの費用を差し引いたものである。つまり、カネの流出入を差し引き計算して、企業によって生み出されたカネの価値の大きさを計算したものが付加価値である。この概念は、一国の経済で言えば国民総生産に当たる。企業の「企業民総生産」が、企業の付加価値なのである。

購入したインプットから付加価値を生み出すために、企業はヒトとカネを使う。つまり、労働投入と資本投下をする。そして、この付加価値を原資として、投入されたヒトへの分配（人件費）や資本への支払い（金利や配当）がなされる。

付加価値と間違いやすい概念に利益という概念がある。利益とは、付加価値から人件費支払いを差し引いた残りの金額のことである。人件費は、付加価値を計算するときに差し引く「外部」インプットへの支払いには含まれない。なぜなら、働く人々は企業というものを構成している内部要素だからである。

企業会計で計算される数字に営業利益という数字がある。営業活動から生まれる利益、という意味の言葉である。この数字は、企業の売上げから「人件費」も含んだインプット総費用を引いたもので、金融費用などはまだ差し引いてない数字である。したがって、会計データから計算できるもっとも簡単な付加価値の定義式は、

付加価値　＝　営業利益　＋　人件費

というものである。つまり、営業利益に人件費を足し戻して、付加価値を逆算できる。

営業利益を計算するときになぜ人件費を差し引くかと言えば、会計上の「利益」という概念がそもそも資本の投下に対する報酬の計算のための概念だからである。企業が付加価値を生み出すためにカネとヒトを投入するといっても、資本（カネ）を出した人たちにとって最終的に興味があるのは人件費を付加価値から差し引いた後の、自分たちの取り分になる金額である。それを会計上は「利益」と言うのである。

したがって、利益を企業という経済組織体が生み出していると考えるのは、厳密には正しくない。経済組織体である企業は、働くヒトと資本の両方から構成されるもので、付加価値を生み出している。利益はその付加価値の中で資本が生み出したはずの部分、と捉えるのが正しい。

この付加価値から、人件費が働く人々への分配として払われ、金融費用（支払利息など）が金融機関が拠出した資本に対して支払われる。そうした支払いをした後の企業の最終損益から、配当が株主への利益処分（つまり株主が出した資本への支払い）として行なわれ、その後の残る額が企業の内部留保となる。それが企業会計のあらましである。

技術蓄積と顧客満足も生み出している

企業が生み出すものを情報の流れの観点から考えれば、それは情報の流れの結果として企業がつくりだすさまざまな情報蓄積、ということになるだろう。

企業は外部との世界でさまざまな情報のやり取りを行ない、かつ企業内部の仕事の場でも情報がさまざまに流れる。その外部、内部の情報の流れの結果として、企業はさまざまな情報蓄積をすることになる。情報の流れを行なっているのは人間で、人間の記憶という蓄積装置が情報蓄積を自然に生み出し、さらにはその記憶を文書や電子ファイルという外部記憶装置に蓄積することも行なわれるだろう。

企業がつくりだす情報の流れはさまざまであろうが、その中で企業にとって大切なのは、顧客情報（たとえば顧客のニーズ）と技術情報（技術的変換の知識）であろう。

顧客情報の蓄積とは、単に市場調査のことではない。顧客のクレームからニーズの本音を学ぶこともある。新製品の実験的開発を他社に先駆けて成功する企業は、顧客の未知のニーズを最初に知ることになる。さまざまな形での情報の流れが顧客情報の蓄積を生み出し、それがその企業の次の戦略の展開のための基盤となっていく。

技術情報の蓄積も顧客情報の蓄積と同じように、さまざまな形で行なわれる。単に研究所の実験室での研究開発活動だけが技術蓄積の活動ではない。生産の現場で工員さんが作業をしながら、さまざまな工程内の現象を観察している。それを工程改善に活かそうとすれば、それが新しい技術蓄積となっていく。あるいは、設備投資をすれば、新しい技術が新しい設備と共に取り入れられ、またその設備の運転技術を人々が学ぶ。それが技術蓄積になっていく。

伊勢神宮では二〇年に一回、遷宮といってまったく同じような神社の建物の一式全体を新築して、神が移動する。古い建物の耐用年数が来たからではないのに定期的に新築をするのは、その建築工事を行なうことで、以前に建築の経験のある古い世代の宮大工が若い大工を教える現場ができるからである。つまり、宮大工の技術の伝承ができる。それは、この稿の言葉で表現すれば、技術蓄積の継承・発展のための新規設備投資、と言えるだろう。

企業の内外の感情の流れに注目すれば、企業はさまざまな関係者の人々の満足（あるいはその裏返しとしての不満）を感情の流れの累積という形で生み出していると言える。

たとえば、顧客満足である。人々が望む機能、すばらしい品質、行き届いた配慮、などを備えた製品やサービスを提供し続ける企業には、顧客の拍手が寄せられる。その感情の流れから、顧客の側には満足が累積する。その結果、企業への信頼が生まれ、ブランド形成につながる可能性もある。

あるいは、そうしたいい仕事をする従業員たちも、うれしいだろう。あるいは、職場が明るくて生き生きと働く従業員たちの間には、満足感や達成感があるだろう。そうしたさまざまな感情の流れの結果、従業員満足が生み出される。

こうした情報蓄積や感情の累積は、目には見えない。しかし、企業にとっては大切な財産である。そして、企業の生み出す経済的価値である付加価値は、こうした財産に支えられてはじめて生み出されるものである。技術蓄積も顧客満足もないところに、付加価値の創造はできない。

しかも、こうした目に見えない財産（見えざる資産と呼ぼう）は企業が自分の活動から生み出すものである。他人から与えられるものでも、簡単に買えるものでもない。そして、目に見えないからこそ、「見える人には見えて、見えない人には見えない」。だからこそ、企業活動を統御する経営というものを考えるとき、見えざる資産をいかに生み出せるかは、きわめて重要な考慮事項なのである。

顧客が企業の生死を決める

じつは、前節の小見出しは厳密には正しくない。前項で扱ったのは情報の蓄積と関係者の満足だったのだが、節の見出しは技術蓄積と顧客満足、とした。それは、企業が生み出すさまざまな蓄積と満足という見えざる資産の中で、この二つがとくに大切だからである。

技術蓄積がさまざまな情報蓄積の中でとくに重要なのは、それが企業の本質だからである。技術的変換こそ、企業が社会の中で果たしている役割である。

顧客満足がさまざまな満足の中でとくに重要なのは、それが企業の生死を決めるものだからである。

付加価値の源泉である売上げを企業にもたらしてくれるのは、顧客である。顧客が売上げというカネの流入をもたらしてくれる。技術蓄積についても、それが社会的に意味のある、存在価値のある技術蓄積であるかどうかを決めるカギは、その技術蓄積が顧客満足につながるような製品やサービスを生み出せるかどうかが、握っている。技術の価値の評価は、結局は顧客がしているのである。

「お客様は神様です」、という言い古された言葉がある。その通りなのである。顧客が、企業が社会の中に存在してもよいかどうかを、決めている。企業は、顧客によって社会の中に存在を許されている存在である。

その点を強調するために、経営者はしばしば顧客第一主義というスローガンを掲げる。なぜそんな当たり前のことを強調しなければならないかと言えば、それは当たり前のことをつい忘れて自分勝手になってしまう、人間の弱さゆえであろう。

第5章 株主はなぜカネを出すのか

逃げないカネというタネ銭

企業は働くヒトの結合体であると同時に、カネの結合体でもある。企業が事業活動をするためには、ヒトもカネも、両方とも必要なのである。

企業では、さまざまな形のカネが結合して、企業が使う全体の資金を構成している。まず、株主が資本金という形のカネを出している。銀行が貸し付けという形でカネを出している。企業からすれば、借入金である。あるいは、仕入れ先への支払いを商品の供給を受けた後しばらくの猶予をしてもらえるのであれば、その猶予期間中はその仕入れ先から借金をしているのに等しい（こうした取引への支払いの猶予という形での資金供給を、企業間信用という）。

株主が出している株主資本は、逃げないカネである。満期があるわけではなく、その企業が続く限り、そのカネが提供されることを最初から約束して株主は出している。それとは対照的に、銀行借り入れも企業間信用も、その返済の期日が最初から決められている。つまり、そのカネは企業から引き上げられることが最初から想定されている。その意味で、逃げるカネである。

株主資本というカネは、企業がピンチになっても「返してくれ」と請求する権利はない。返済を要求しないという約束をして出すカネなのである。だから、企業が倒産しても、出資額が返ってくる保証はない。企業の清算（つまり会社としての解散）をするときにはじめて、債務などの返済を済ませた後の残額（残余財産）が株主に出資額に応じて分配される。だから、「逃げないカネ」なのである。

逃げないカネを株主が出すことによって、株式会社という法人がはじめて成立する。株主は会社という法人を構成する設立メンバーなのである。会社法に「社員」という言葉が登場するが、それは株主のことを指す。会社という「社団」の「構成員」という意味で、株主を指す「社員」である。会社法での社員とは、働くヒトのことではない。

なぜそうした逃げないカネが存在する必要があるか、なぜ借入金だけで企業が成立しないかと言えば、逃げないカネが存在しないと、その企業との経済的取引（銀行借り入れを含む）をしようとする相手にとって取引の対価を支払ってもらえるという保証がどこにもないからである。逃げないカネがあれば、そのカネで支払ってもらえるという保証がせめて生まれるのである。だから、逃げないカネがなければ、商売は始められない。株主の資本は商売のタネ銭として必要なのである。

ただし、株主資本はカネとしては企業から逃げないが、それを出している株主はその企業から逃げること、つまり企業から身を引く（退出する）ことができる。自分のもっている株式を他人に譲渡すればいいのである。譲渡された他人が新しい株主として、もともと拠出されていた逃げないカネを引き継ぐのである。

株式市場は、古い株主と新しい株主が株式を売買する市場である。株主が交代する場である。しかし株主は交代するけれど、資本は企業に拠出し続けられる。したがって、株式市場が発達して株式売買が頻繁になると、そこにはねじれが生まれる。逃げないカネを、逃げる株主が出している、というねじれである。

株主の権利は、逃げないカネを提供していることから生まれている。しかし、株主自体は逃げられる。そのねじれが、さまざまな現象を生む。

カネの見返り

逃げないカネには、「ピンチでも逃げられない」という危険の匂いがある。そんな資金を提供する見返りとして、株主はどんな権利を手に入れられるのか。つまり、なぜ株主は危険なカネを出すのか。

株主が株主資本の提供と見返りに受け取るのは、形式的には「株式」という証書である。それがさまざまな権利を株主に与える。

主な権利は四つある。まず第一に、事業年度ごとに配当金を受け取る権利である。第二に、株主総会での議決に参加する権利である。この議決は、たとえば取締役の選任とか、会社財産の処分とか、重要な議決が株主総会で行なわれるように会社法が定めている。第三の株主の権利は、会社が清算（解散）するときの残余財産の配分を受ける権利である。もちろん、倒産のような事態になれば、残余財産はマイナスということになるだろうが、そのときはマイナスの分配つまり追加の資金提供をする義務はない。出資した資本が返ってこないだけである。それが、株主の「有限責任」ということの意味である。出資した資本の範囲内でだけ、責任を負うのである。

第四の権利は、自由に株式の譲渡（売買）を行なえる、という権利である（ただし、有限会社という法制度を採用していると、株式の譲渡は会社の承認が必要、ということがあり得る）。

こうした権利が株主にもたらしているのは、資本を出すことの経済的見返りとしての収益（リターン）と企業を支配する権力、この二つである。逆に言えば、この二つが欲しいから、株主はカネを出している。

株主のリターンは主に三つの形で生まれる。もっともわかりやすいのが、会社からの配当金である。第二のリターンは、売買差益（キャピタルゲイン）である。株式を買った価格よりも高い価格で他人に売れれば、その差益がその株主のリターンとなる。たとえば、ベンチャーに株式投資すると、その株式が上場されたときに高い値段で売れることがある。その差益が上場益と呼ばれるキャピタルゲインで、ベンチャー投資の最大のリターンである。このリターンが大きそうだというふれ込みに眼が眩んで、いい加減なベンチャーに株主がカネを出すことも、しばしばである。

売買差益というリターンの面白いところは、リターンを株主に与えているのが、新しく株主になる人だ、ということである。その新しい株主は高い価格で買ってもさらに儲かると思うから、買っている。売っている旧株主は、この価格なら十分に高いと思うから売っている。つまり、二人の株主の思惑の差から、売買が発生し、そして売買差益が生まれる。このリターンを可能にしているのが、売買の自由という第四の権利である。売買の自由がなければ、そもそも売却の可能性が生まれない。

株主のリターンの第三の形として、自社株償却という形で企業が株主から株式を買い戻すことによって、株主が株式の購入価格と企業の償却価格との差額を手に入れることがある。これも一種の株式の売買のように見えるが、単純な売買差益との違いは、株主が受け取るカネの出所が企業自身であることである。つまり、企業は株主であることをやめてもらう対価を自社株償却という形で支払っている。それだけ、市場で流通する株式自体が減るのである。通常の売買では、差益は新しい株主からもらうもので、株式自体は相変わらず存在し続ける。自社株償却は、一種の部分的清算のようなものである。

こうした経済的メリットだけではなく、企業を支配する権力もまた株主は手に入れる。株主総会での議決権がそれを株主に与えている。

もちろん、企業を支配する権力を手に入れたい動機の主なものは、いずれその企業から経済的メリットを得ようとすることであろう。しかしときにより人間的な動機で、他人を支配するために株式の大半を手に入れようとすることも、ないわけではないだろう。

企業は、カネの結合体でもあるが、ヒトの結合体でもある。その二面性をもった共同体の運命を支配する権力を、現行の会社法制度のもとでは株主だけがもっている。その権力の源泉が、株主総会での議決権にあるのである。

こうして株主は、企業にとってのカネの面での最大の利害関係者になると同時に、最大の権力者になる。だから、企業買収のような権力のドラマが生まれるのである。

株式市場とは何か

株式市場は、現在の株主と未来の株主が自由に株式を売買する場である。「自由に」とは、多様な目的をもった人が自由に株主になれる、ということを意味している。長期にその企業の発展に興味をもち、「資本を投下して果実が生まれるのを期待する」という意味での「投資」をする投資家も株主になれる。しかし、「短期的な価格変動の目論見から、利ざやを得ようとする」と表現される「投機」をする投機家もまた、株主になれる。つまり、自由な株式市場では、投資家と投機家という二種類の株主が必然的に生まれてくる。

株式市場で投機的な側面が強くなっていることを、われわれは直視したほうがいい。二〇〇六年一月、ホリエモン（堀江貴文）逮捕の直後に、東京証券取引所のコンピュータシステムがあまりの大量の取引注文を処理できずに、東証は取引停止という前代未聞の事件を起こした。それは、投機の投げ売りが多かったからである。

株式市場の実態が「投機市場」であって「投資市場」ではない面を色濃くもっている、というのは今に始まったことではない。たとえば、日本では銘柄という言葉を各企業の株式を表現する言葉として使う。明治の頃からのことである。そしてその語源は、大阪・堂島の米取引所で使われていた米の種類の区別としての銘柄だという。米取引は、決して投資の市場ではなかった。流通取引とそこから自然発生的に生まれる投機の市場であった。それと同じイメージで、明治の先人たちは株式を捉えていたのである。

第二次世界大戦後の高度成長期の日本の株式市場は、企業の資金調達の市場としての存在感を国全体ではもち得ず、間接金融主体で日本は成長した。そして、その頃の東京市場はニューヨーク市場と比べてはるかに売買回転率の高い、売り買いが頻繁に行なわれる市場だった。それは、投機色の濃い市場だったと考えるのが自然であろう。

事情はじつはアメリカでもあまり変わらない。ニューヨーク株式市場の売買回転率は一九九〇年代に大きく上昇して、今や東京より高い。その上、アメリカの株式市場全体が企業の資金調達の場、つまり投資の場としても機能しなくなっている。一九八〇年代半ばから、じつはアメリカの株式市場は株主から資金調達する金額（増資や新規上場）よりも株主に資金を返還する金額（自社株買いや配当）のほうがかなり大きいという実態が今に至るまで続いている。

つまり、株式市場は株主から資金調達をする場という機能よりも、株主へ資金を返還する場として機能するほうが大きい、ということである。これでは、教科書的に言うところの、「危険資本の調達の場としての株式市場」というお題目を信じていいのか、本家のアメリカでその疑問が生まれそうなのである。

たしかに発行市場としての株式市場は、企業活動への資本の提供を行なっている。危険資本の供給である。しかし、流通市場としての株式市場は、資本の提供者相互の間での証券のやり取りの市場であって、資本の提供ということが実際にそこで行なわれているわけではない。その市場は、株式価格の見通しをめぐっての投機市場になっている可能性が強い。そして、流通市場の規模は発行市場の規模よりもはるかに大きい。馬券を買っているヒトが多くて、馬主になろうとしているヒトはじつは非常に少ない、とでも言おうか。

株式市場でつく株価は、もちろん、単なる投機の価格だけの側面をもっているのではない。株価には三つの経済的意義があり得る。一つは、資金調達の可能性を示す尺度である。株価が高ければ、増資による資金調達が容易になる。第二に、企業経営のスコアカードとしての意味である。多くの専門家がそれなり評価した、経営のスコアである。だからこそ、大半の経営者がそれを気にする。株式市場で資金調達しない経営者でも気になる。第三に、企業の支配権の売買価格としての意味である。株価が低ければ、それだけ買収が容易になる。だから、買収されたくない経営者は当然、株価を気にする。

株価にはしかし、第四の面もある。知的なギャンブル、投機の結果としてつく売買価格という側面である。競馬のオッズのようなものである。

こうした四つの側面が、一つの株価として株式市場では表現される。それが問題なのである。

株式会社制度の意義

株式会社制度はじつに有意義な制度である。現行の法体系に改革の余地があるとは思うが、その基本は意義が大きい。この制度は歴史の風雪に耐え、世界の中のさまざまな国に広がってきた。旧共産主義国が市場経済へと移行しようとした一九九〇年代に、彼らがまっさきに取り入れた制度は、株式会社制度だった。株式市場がなくても、株式会社制度を彼らは導入した。

株式会社制度の意義については、それが有限責任での資金出資を可能にし、リスク分散を可能にしたために、幅広い資金調達を可能にした、と教科書的にはよく言われる。言い換えれば、危険資本の供給への社会の幅広い人々からの参加を可能にした、ということである。しかし、その機能が多少怪しくなってきているのは、前節で見た通りである。私は、株式会社制度の本質的意義はもっと深いところに、二つあると思う。そして、この二つの意義があるからこそ、旧共産主義国は争って株式会社制度を導入したのである。

第一に、株式会社制度は経済活動の世界で「法人」という存在を容易にかつ多様に可能にした。つまり、経済活動を自然人だけの世界から解放し、多様な経済関係を可能にした。

第二に、株式会社制度は、資本多数決の原則をもつことによって、企業の支配権を量的に確定し、各人のもつ権力に大小関係をつけられるようにした。つまり、自然人の「人間一人としての平等さ」から経済的な権力を解放し、ある人が他の人より多くの権力を手に入れることを可能にした。

第一の意義について言えば、株式会社という法人は、それ自体が一つの存在としての生命を主張できるようになり、株式の譲渡ということによって株式会社を創設した自然人たちの物理的寿命の限界（つまり死）とは関係のない、ゴーイングコンサーンとなることが可能になっている。その上、その法人が資産ももてれば、契約を結ぶことができるし、他の会社の株式も保有できる。さらには持ち株会社という存在が傘下の株式会社を一〇〇％所有する、ということも可能になる。そして、株式会社の一部を別法人化してそれを売却することも可能になるし、二つの法人を合体させて一つの法人にすることも可能になる。すべてが、株式の譲渡・所有関係を複雑につくることによって可能になるのである。

こんな複雑な関係を自然人の間につくると、ふつうはこんがらがる。人間関係の泥沼が生まれる。しかし、株式会社制度は、その第二の意義のおかげで、最終的にはすっきりとした整理ができるようになっている。

それは、資本多数決の原則のおかげである。株式会社制度が株式の保有量による議決権の大小関係をつくりだしていることは、企業の支配権について、その権力の保有量を量的に確定できることを意味する。その意義は大きい。

たとえば、二つの企業によるジョイントベンチャーをつくろうとする場合、どちらが過半数の株式をもつかが大きな交渉事項になる。それは、出資金の額を小さくしたいための交渉ではない。出資比率を決める点にポイントがある。過半の出資比率をもった側がメインの主権者になるからである。あるいは、多くの企業の共同出資による共同事業の場合にも、出資比率が最大の問題になることが多い。ここでもまた出資比率が、主権の量と責任の量の明示的な確定になるからである。

人間の世界で権力の大小関係を量的に確定できるようにするのは、じつはやっかいなことである。民主主義とは、みんなが等しく同じ権力をもつという発想の政治体制で、その結果、民主社会の経済活動もついつい平等主義になる危険がある。株式会社制度は、それを防ぐ意義があるのである。

株主が企業にカネを出している。その量は、投資の量でもあり、ときには投機の量でもあり、そして権力の量にも変わる。カネの量の大小が、じつにさまざまな意味をもっているのである。

第6章 利益とは何か

「利益はお布施である」

株式会社であれば、その会計制度から、必ず「利益」という数字が計算される。そして、利益といってもさまざまな利益数字がある。

営業活動から生まれた利益という意味で、営業利益という数字がある。売上高から営業に要した費用を、製造原価や仕入れ原価、一般管理費、人件費など、すべての費用を引いたものである。しかし、企業は営業活動とは別に、何らかの金融活動も行なっているのがふつうである。たとえば、借金をして、おカネを借りている。あるいは、別な会社にカネを貸している場合もあるだろう。さらには、別な会社に投資して、その会社から配当を得ているかもしれない。

こうした金融活動以外にも、本来の事業活動とは別の活動で費用が発生したり収入が生まれたりすることがある。そうした営業外活動での収入を営業利益に足し、営業外費用を引くと、経常利益という数字が出る。営業外費用の典型例が、借入金への金利支払いである。

企業の最終利益を計算するには、さらに考慮しなければならないものがある。それが特別損益項目と言われるもので、資産を売却したときの損益、あるいは昔の会計処理との関係で企業の正味財産の計算を修正したりする項目、などがそれに当たる。

そうした特別損益を差し引きして、さらに法人税などの税金の支払いを引くと、最終損益、あるいは当期利益と言われる数字が出る。これが、損益計算書の一番最後に最下欄に出てくる数字なので、企業の「ボトムライン」と呼ばれたりする。この金額から配当が分配されていくのである。

すでに付加価値という概念との違いの説明の際に第4章で述べたが、こうした利益は、企業へ投下された資本が生み出した付加価値の部分、と考えるのが正しいだろう。営業利益は、借入金も株主の投下資本も、すべての資本を使って企業がそれに対するリターンとしての利益をどの程度生んだか、という指標である。経常利益は、借入金への金利の支払いなどを差し引いて、株主の投下資本に対するリターンを計算したものである。特別損益項目は、企業が過去に積み上げた資産の売却や計算額修正などを施すもので、それは株主の財産としての企業の資産の増減を直接計っている部分である。今期の事業活動から生まれた利益ではなく、しかし株主の財産には変動が生じた部分を修正するのが特別損益項目の目的である。

したがって、当期利益（最終損益）とは今期の事業活動から株主資本のために生み出された利益と過去からの蓄積財産の変動分を合算したもので、今期に起きた株主財産の最終増加分を表す数字である。その最終増加のもっとも重要な部分が、経常利益という今期の「経常的な」事業活動から生み出された利益なのである。

こうして、利益という数字は株式会社制度と深くかかわっている。その計算の仕方そのものが、株主の財産である企業の正味財産がどのように変動したかを表しているのである。計算面から見れば、当期利益というものはこうしたものなのだが、企業活動を行なっている人々の立場から見れば、この利益という数字は「社会からのお褒めの金額表示」あるいは「顧客満足度の指標」と考えてもいいだろう。

利益の原点にある売上げは顧客が企業へ下さっているものである。それが大きいということは、多くの顧客が自社の製品に購入という形での支持投票をして下さったに等しい。そして、その売上げを実現するために、企業はさまざまなインプットを使っている。原材料はもちろん、人件費も金利もインプットへの費用支払いである。そのインプット費用を差し引いた経常利益という数字がもしマイナス（つまり赤字）なら、企業は社会から受け取っている支持以上の支払いをしてしまったということである。つまり、企業は社会との関連では、最終的に持ち出しになっている。それは、裏を返せば、使っているインプットの費用ほどに社会からの支持（つまり売上げ）がなかったということを意味している。

逆に大きな利益が上がっているという状態は、企業が自分の使っているインプットの費用をはるかに超える社会の支持を得ているということになる。つまり、経常利益は社会へのお役立ち料、という解釈があり得るのである。

松下電器産業の創業者である松下幸之助さんは、はっきり利益というものをそう捉えていた。また、花王にも同じような考え方の伝統があり、花王の現会長の後藤さんは、「利益とは社会から頂いてるお布施だ」という考え方が花王では伝統的にあり、後藤さん自身もその考えを社員に繰り返し語っているという。

利益が社会へのお役立ち料であり、社会からのお布施であると考えれば、赤字を出すということは社会に対してお役に立っていないということを意味する。つまり、赤字はその意味で社会的な罪悪なのである。

もちろん、利益は不当にうそをついて販売活動を行なっても短期的には大きくなり得る。独占的に高い価格をつけてしまうことによって生まれる利益もあり得るだろう。あるいは、出入り業者をなかば脅迫して、納入価格削減を要求したり自社製品を買わせたりする企業もあるかもしれない。そうして計上された利益は、社会へのお役立ち料の過大表示であり、お布施の強奪である。それは許されるべきでない。

しかし、そうした望ましくない行為がときにはあるものの、正常な経済活動での利益という概念は、社会からのお布施と考えるとわかりやすいだろう。

共通の成果尺度としての利益

利益はお布施と考えるべき、といっても、企業経営者の大半がそう考えているかどうかは定かではない。ただ、利益という成果尺度があまりにも普遍的に使われているので、その数字を大半の経営者が非常に気にするのは、確かであろう。

つまり、利益とは、それが経常利益であれ当期利益であれ、経営者の経営能力の評価指標としての意味をもってしまっているのである。赤字になれば、それが社会的罪悪だからではなく、自らの経営能力のなさの証明のように受け取られることを、多くの経営者は気にするのである。あるいは、「連続××期増収増益」といった記録に経営者がこだわる理由はここにある。

つまり、利益という数字で成果が出るために、それが共通の成果尺度と広く認められているために、それが企業の間の優劣の、経営能力の優劣の指標になっている。数字だから、大小比較がすぐに可能になるところがミソである。たんなるＡＢＣ評価ではこういう厳しい競争指標にはならない。

だから、企業はときに最終損益としての当期利益を無理しても出すために、過去に安く買った資産を売却して売却益という形で利益の上乗せを図ったりする。これを、「益出し」と言う。バブル崩壊後、多くの企業が株式持ち合いの解消と称して所有していた関係の深い企業の株式を売却したのは、それらを購入したときの価格よりも高い価格で売れれば、その差額が特別利益として計上できるからである。決して、持ち合い株式の解消が目的だったのではなく、益出しのために仕方なく昔買った株を売却したのである。

利益という共通の評価数値が存在するために、じつは資本主義は進歩した、という話がある。利益は資本主義での企業間競争を激しくして、企業が少しでもより優れた存在になろうとする努力の源泉となり、それがために社会全体が進歩する原動力となった、と喝破したのはドイツの歴史家であるウェルナー・ゾンバルトであった。会計は、そしてそれが計算する利益は、社会の進歩に役立った、と彼は『近代資本主義』という本で書いている。

その理由は、単一のしかも共通の評価数値の存在というまぎれのなさが人間の努力をその一点に集中させる効果をもつからであろう。たとえば、企業とは無関係だが、一〇〇メートル競走を考えてみたらいい。この競走の結果を、時計で計る。九秒七八で走ったという数字が出る。その数字で世界一が決まる。そのまぎれのなさゆえに、競技者は少しでも速く走る工夫を無数にすることになる。

もし一〇〇メートル競走の成果を見るのに、単に計時だけでなく、スタートの機敏さ、走り方の美しさ、ゴール時の姿勢、などといくつも定性的評価項目を加えていったら、人類が一〇秒を切る時期はもっと遅くなっていただろう。

利益率の功罪

人間がこうした一つの指標に成果尺度を絞り込もうとするのは、「他者比較」をしたがるという人間の性を考えれば、当然であろう。利益という尺度をつくった後も、じつは人々はその工夫をやめていない。たとえば、資本利益率という投下資本に対する利益率として利益を評価しようとする動きがその例である。

利益という数字は、大企業ならば大きく出るのがふつうである。規模が大きいから、生み出す利益も大きくて当たり前なのである。しかし、それでは規模の違う企業同士の比較には不適切である。そこで、「投下資本一円当たりに換算した利益の大きさ」という尺度が考案されるようになる。ちょうど、国の経済状態の他国との比較で、国内総生産という国が生み出す付加価値総額がよく使われるが、これは人口の大きい国では自然に大きくなって当たり前である。しかし、一人当たり国内総生産を計算すれば、経済の効率が比較できるようになる、と考えるのと同じ理由で、資本利益率が計算されるのである。

典型的な資本利益率の指標が、自己資本当期利益率である。株主の払い込んだ資本金と内部留保で貯めた金額との合計を、自己資本と言う。企業の自分の財産、という意味である。その金額を企業に投下されている資本の正味額と捉えれば、それに対するリターンとしてどの程度の当期利益が生み出されたかを見る指標である。

これが、よく言われるＲＯＥ（Return on Equity）である。Equity とは、持ち分と訳されるが、会社の自己資産のことである。株式会社であれば、この資産は株主のものということに法律的にはなるのである（この自己資本が誰のものかについては、次章でその微妙な消息を書こう）。

この指標を共通尺度として経営者が気にし始めるとたんに、さまざまな妙な行動を取る経営者が出てくる。この比率を大きくするためには、分子の当期利益を大きくするのも一つの手段だが、分母を小さくしてもいい。分母である自己資本を小さくするためには、自社株を株主から買い戻して、資本の払込金額を小さくしてしまえばいい。自己資本という企業のタネ銭を削ってＲＯＥを大きくする、という行動を取る経営者が出てくるのである。

自己資本が小さくなってしまった後に資金調達の必要が生じたら、負債で調達すればいい、と次には考えることになる。とすると、自己資本が小さくて負債の大きい企業は、借金の金利を払った後で利益が出せるのなら、ＲＯＥも一株当たり利益も大きくなることになる。それが、高度成長期の日本企業の姿であった。そして、現在のかなりのアメリカ企業の姿でもある。負債は返済を前提した逃げるカネであることを考えると、逃げるカネに頼り、逃げないカネを小さくする経営をしていることになる。財務体質として健全であるとは言えそうもない。

高度成長期の日本企業は、別にＲＯＥを大きくしたくて借金経営をしていたのではなく、借金しか成長資金の調達の方法がなかったから、仕方がなかったのである。当時は、ＲＯＥなどという指標には、経営者の注意は向いていなかった。現在のアメリカ企業では、ＲＯＥを大きくするためにあえて借金経営でもよしとしている経営者がかなりあるようだ。自分の評価がかかっているからだろう。それが危険なことに見えるのは、私だけだろうか。

写像としての会計測定

こうして会計の数値には、さまざまな功があり、しかし罪もつくりだすことがある。そのもっともいい例が、利益なのである。

その功も罪も、会計の本質から生まれている。会計というものが測定しているのは、企業が行なっているカネの取引のプロセスである。企業がものを買うと費用支払いが生まれ、ものを売れば収入というカネの流入が発生する。そうしたカネの流れの発生を会計記録として測定した結果を、最終的に損益計算書や貸借対照表という財務諸表の形でまとめ上げるのが、会計測定のプロセスである。

その意味では、会計測定は企業活動の現実を写す像である。その会計測定という写像はある意味で「つくられたもの」である。写す、ということから写真をイメージしてみれば、写真もその撮り方次第で現実がさまざまな映像になるように、会計という写像も同じ実体を測定の仕方次第でさまざまに写すのである。

とすれば、その写し方次第で、写像を使おうとする目的には合わないことも出てくる。しかも、企業は外の世界との間で、カネと情報と感情の流れを引き起こしている、と第4章で書いたが、その三つの流れのうち、カネの流れの詳細だけを記録するのが、会計である。他の二つの流れは、会計の測定の対象ではない。しかし、企業の実体においてはカネだけではなく、情報も感情も流れている。

だから、会計という写像は、企業の実体のたった一つの真実ではないのである。

会計というカネに限定した写像の写し方を決めているのが、企業会計のルールである。そのルールは簡単に一律に決まるものでもない。一つひとつのカネの動きの測定の仕方には、いろいろなルールがあり得る。

たとえば、設備投資をしたとき、一気に大量の現金支払いが必要となる。資産を買うのである。しかし、その支払額すべてがその年の企業活動だけに必要なのではない。設備投資で購入する設備機械は長い間使うものである。しかも、売上げは年ごとに発生する。ある年の売上げのために使われた設備投資の「費用」は一体、どうやって計算したらいいのか。

さまざまなルールがあり得る。「ある年に使用した資産の額」はいくらなのか、明瞭にはわからない。そこを会計ルールでは減価償却という方法で処理する。資産の残額があたかも毎年減るかのごとくに考えて、その減価した部分がその年の売上げと対応させるべき「資産の費用」と考えるのである。

では、毎年、どれくらい減ると考えればいいのか。正確な答えはないに等しい。それでは困るから、「みんな同じルールでやりましょう」とするのである。たとえば、定率法という減価償却のルールは、購入した金額から毎年同じ率で減価していくと考えるルールで、だから定率法と言う。一年目は、購入金額にたとえば一〇%をかけて一年目の減価償却を決める。二年目はその減価償却をした残り（だから購入金額の九〇%）の一〇%が費用としての減価償却となる。他にも、さまざまな減価償却のルールがあり得る。

一つの費用項目でも、こうしてさまざまな測定のルールがあり得る。だから、利益という最終数字にまとまるまでには、じつに多様なルールが積み重ねられていることになる。

そのルールの多様性を嘆いても仕方がない。恣意性をなるべくなくすように、制約をもちながらも共通のルールがつくられてきたのである。それをみんなが認めているから、会計は企業の「公用言語」となった。会計は事業活動をカネの面から共通に語る、ビジネス言語なのである。肝心なのは、その制約を理解した上で、会計測定とそれが描く事業活動の写像をどのように使うか、である。

だが、会計測定という写像の結果は、会計数値として独り歩きを始めることがある。利益が独り歩きを始めて、ＲＯＥが企業経営の行動に影響を与えるように、写像が実体を動かすことすらある。本来は、写像は実体を反映するだけのものであるはずなのに、写像を気にして人間が行動を変えてしまうのである。写真映りを気にして人間がさまざまな行動を取るのと、同じである。

第7章 企業は誰のものか

株主主権か、従業員主権か

二〇〇五年早春、ライブドアというホリエモン（堀江貴文）に率いられた企業がラジオのニッポン放送に買収を仕掛けた。この買収劇は一般の市民にとっても、買収と株式会社のあり方についての絶好の教育機会になった。なにせ、テレビのワイドショーで「企業は誰のものか」を議論していたのである。

当事者の一人であるはずのニッポン放送の経営陣は、ライブドアの買収に反対だと公式に宣言してしまった。ニッポン放送の社員もその総意としてライブドアの買収に反対だという声明を出した。ワイドショーによる「道行く人の突撃アンケート」によれば、過半数の人が会社は働く人のものと感じていた。株主のものと言っている人は少数派であった。それが、ふつうの日本人の感覚なのであろう。

それにもかかわらず、働く人々の意見が企業買収の行方に反映される様子はなかった。それはある意味で、当然である。現行の法制度を所与として考えれば、株式を過半数もつことで、働く人たちの意思に反してまでも彼らの運命を左右するような決定を株主はできるのである。

しかし、なぜ、株主「だけ」がその権力をもてるのか。それは、正当なのか。会社法の規定はそもそも適切なのか。

じつは会社法は、企業への資金提供者の間での権利義務関係を定めた法律である。つまり、会社法はカネの結合体としての企業という側面のみを考えている法律なのである。しかし、現実の企業は資本の結合体であると同時に、働く人々の結合体でもある。たしかに、カネがなければ事業はやれない。と同時に、ヒトがいなければ、仕事ができない。しかもかなり長期的にコミットするヒトがコアになければ、組織としての継続はできない。カネの結合体とヒトの結合体という二面性を企業はそもそももっている。

したがって、企業の命運を左右する権力は、カネの命運を左右する権力であると同時に、ヒトの命運を左右する権力でもある。その二面性を会社法は考えていないようだ。そこに、現実との間に齟齬が生まれる理由がある。

問題の本質は、企業の命運を左右する権力、つまり企業の主権を誰がもつかということである。株主が、さらに言えば株主だけが、主権者であることを株式会社制度は想定している。しかし、企業にとっては、働く人の貢献があるからこそ、企業は発展できる。従業員に主権はないのか。ニッポン放送事件は、それを問うている。

企業は誰のものか、という問いは、単に誰の「所有物か」という法的な所有権の問題を超える問題を含んでいる。企業という経済組織体の運命を左右する権力を誰がもつのか、それが企業は誰のものかという問いの本当の中身である。

もちろん、企業という組織体が誰かの「所有物」であると考えれば、その所有権があるという理由で、その人は企業をどのように処分してもよい、という意見もあり得る。しかし、企業の財産の最終的な所有権が誰に帰属するか、という問題と、企業という組織体の運命を決める権利を誰がもつのかという問題とは、少し違う。後者の問題が、企業の主権の問題である。

企業の主権とは、国家の主権と同じように考えればわかりやすい。国の最終的な権力は誰がもつのか。民主主義の政体では、国民である。国民とは、その国の市民権者のことである。そして、主権の主な内容は、国の方向を決める権利と国を治める人を選ぶ権利であろう。その二つの権利を、国民が選挙を通して実行できるような制度が民主主義である。

企業の場合も、企業の市民権者が主権をもつと考えればよい。その市民権者として候補に挙がるのは、企業という経済組織体を構成する上で、その基礎構成員になる人であろう。企業がカネの結合体であり、かつ働くヒトの結合体であるという二面性をもっていることをベースに考えれば、カネの面では「逃げないカネ」を提供している株主、ヒトの面では「逃げない労働」

を提供している「企業にコミットしている従業員」が企業の市民権者の候補であろう。企業にコミットしている従業員というのは、実際には識別は難しいのだが、正社員の中でコアとして働く意思のある人たち、ということになろうか。その中には、経営者を入れてもいいだろう。

会社法は、カネの側面だけから企業組織を考えている法律だから、当然、株主だけが企業の市民権者、つまり主権者だと規定している。株主主権である。その論理は、債権者と比べて、株主が主権者たるべし、というものである。

しかし、ヒトの結合体としての側面を捨象してしまうと、企業の本質とそぐわない。それを、ワイドショーでのアンケート結果が示している。本当は、株主主権と従業員主権のミックスのあり方を考えるべきなのである。

経済効率と権力の正当性

では、そのミックスをどのような視点で考えるべきか。

まず大切な視点は、ことは経済組織体である企業の主権のあり方なのだから、経済効率という視点である。株主（あるいはコア株主）とコア従業員、どちらが主権をより多くもったほうが、経済効率は高くなるか、という視点である。経済効率が高くなるとは、その結果企業が発展しやすい、ということである。その経済効率の根源は、企業の競争力であろう。その競争力の源泉を誰が生み出すのか、という問題である。

もう一つ、権力という問題ゆえに必須と思われる視点は、権力の正当性という視点である。あるいは、権力の社会的納得性と言ってもよい。企業という組織体とそれにかかわる人々の運命を左右する権力を、誰がどのような理由でもつことが正当か。その正当性の社会的感覚、社会的受容性である。

経済効率の観点からの主権のミックスの結論は比較的簡単に思われる。主権は従業員をメインにすべきであろう。なぜなら、コア従業員たちの知恵とエネルギーが競争力の究極の源泉であって、株主の提供する資本に競争力の究極の源泉はないからである。資本はしかし、市場経済の中での企業として存在に必要不可欠の基礎条件である。その意味ではたしかに重要だが、それだけではもはや競争力の源泉にならない。しかも、資本の豊富な時代、資本調達の道が多様にある現代のような時代になると、資本の重要性は相対的に減っていくだろう。だから、従業員がメインなのである。

企業という経済的組織体を統治する権力の正当性については、二つの正当性の感覚、源泉がありそうだ。一つは、私的所有権・財産権による正当性の根拠であり、もう一つは組織体への参加とコミットメントによる正当性の根拠である。

私的所有権・財産権による権力の正当性は、財産の所有はその財産に付属するさまざまな権利を所有者に与え、その一部に財産としての企業の命運を左右する権利が含まれる、とする考え方である。株式というのは、まさに企業財産の所有権証書である。この正当性感覚をもてば、株主が企業統治の権力をもつことが当たり前ということになる。

イギリスでは、土地という財産の所有が国家の統治権力・政治権力と深く結びついた歴史が一〇〇〇年近くあったそうである。だとすれば、アングロサクソンの世界では株式という企業の財産権証書の所有が企業の統治権力にただちにつながることに対して、社会的な違和感は小さいのかもしれない。

参加とコミットメントによる権力の正当性とは、企業を人々の共同体とみなし、それへの積極的参加とコミットメント、その共同体のために汗を流していることを、権力の正当性の根拠とする感覚である。この正当性感覚をもてば、企業の中心になっている従業員たちも企業の統治権力を分かちもつのが当たり前、ということになる。

日本の歴史をさかのぼれば、日本では江戸時代以前から土地という財産は農民あるいは村落共同体のものであり、政治統治権力は財産所有とあまり関係をもってこなかった長い歴史がある。したがって、財産が権力にただちにつながるという社会通念が生まれなかったのであろう。

二つの論拠のうち、日本の企業人が暗黙のうちにより優先させているのは、参加による正当性だろう。だから、ニッポン放送の社長も社員も、自分たちにも少なくとも正当性があると感じている。しかしアメリカでは、権力の正当性の優先順位は、あくまで所有による正当性が基本と暗黙のうちに社会が受け入れているのであろう。

権力の正当性のような議論では、その社会の歴史的な通念との親和性を考えずに議論しないわけにはいかない。統治権力の正当性の感覚は、その国の歴史に深く根ざしたもので、歴史がつくり上げる社会通念と深い関係があるように思える。ホリエモンの買収劇は、その正当性感覚に直接刃を突きつけたような形になっている。

歴史の中の親和性

企業が働く人々の共同体であり、そこでの支配権力には従業員も参加するのが当然という考え方は、じつは江戸時代から日本の大きな商家の経営理念に見られるものだった。つまり、参加とコミットメントという権力の正当性は、日本では古い歴史があるのである。

それをもっともドラマティックな形で示しているのが、明治初期に株式会社制度が日本に入ってきたとき、日本で二番目の株式会社としてつくられた三井銀行（つまり三井財閥の総本山）の資本構成と設立趣意書である。

三井家は長い歴史をもっているが、明治維新の混乱を乗り切り三井財閥の基礎をつくったのは、明治維新期の改革の中心人物だった三野村利左衛門であった。彼は三井家とは係累関係のない非同族の人間であったが、コア従業員もまた三井共同体のメンバーだと考えた。三井家の事業組織のいわば本社は「大元方」と呼ばれていたが、その大元方の財産全体は同苗（三井一族）と使用人との「主従持合の身代」であると三野村は明確に表現し、三井家の事業の共同体のメンバーに使用人も入ると考えたのである。

それを具体的に示した象徴的な例が、明治維新期に三井組を改組して株式会社三井銀行を設立した際の資本金の拠出分担である。彼は、旧大元方から一〇〇万円、同苗から五〇万円、使用人から五〇万円を拠出すると定めた。そして、「三井銀行創立之大意」という設立趣意書で次のように書いている。

「今三井組ノ名ヲ廃シ、其業ヲ継キ更ニ私立三井銀行ト称シ、家長雇人ノ義ヲ絶チ改メテ共ニ社友トナリ、同心尽力シテ以テ各自ノ利益ヲ分チ永ク其ノ悦ヲ共ニセント欲ス、是此創立ノ大意ナリ」

三井銀行は、じつは従業員持株比率が四分の一となる株式会社だったのである。いや、そもそも大元方自体が「主従持合」であると考える三野村の論理を徹底すれば、従業員の出資比率は二分の一と言うべきかもしれない。その上、家長も雇人も、「家長雇人ノ義ヲ絶チ改メテ共ニ社友トナリ」と、等しく共同体の一員となることが高らかに宣言されている。

だが、三野村のこの改革は、同苗の抵抗に遭う。彼らの権益が侵されるからである。そのため、三野村の死後、大元方の財産は「三井一族の共有物」と書き改められ、三井銀行の同苗出資金が一〇〇万円に増額された。

われわれが深く考えるべきは、なぜ三野村の試みが失敗したかではなく、なぜ三野村がこうした試みを発想し、そしてなぜいったんは受け入れられたのか、である。その答えの少なくとも一部は、多くの人々が当時、使用人も三井共同体の中核メンバーなのだという意識をもっていたことにあろう。だからこそ、三野村の発想は奇想天外なものではなく、利害が異なる同苗は抵抗してもそれ以外の多くの人が受け入れたのであろう。

カギは経営者のチェック

こうした権力の正当性感覚は日本だけのものとも思えない。かなり世界的に普遍であろう。そのいい例がドイツである。ドイツはこうした正当性感覚を背景に、労資共同決定法という労働組合の統治権力への参加の法律をつくったのである。第二次世界大戦後である。

その法律では、従業員二〇〇〇人以上の企業の役員を任免する機関として監査役会の設置が義務づけられ、そのメンバーは株主代表と労働者代表が同数という規定になっている。その同数の人々が共同で役員を任免し、企業の基本方向を決める、という意味で共同決定なのである。このドイツ式の労働者の参加はいわば従業員主権を株主主権とミックスさせた制度になっている。

ただ、私は労資共同決定法の理念はよしとするが、その具体的制度設計に望ましくない点がかなりあると感じている。その一例を挙げれば、労働組合のナショナルセンターの役員たちが監査役会に参加することになっていることである。当該企業の従業員の代表というより国全体の労働運動の代表者たちが個別の企業の統治権力に参加するのである。それでは、個別の企業の経営が政治的に左右され過ぎる危険がある。

いわばこの制度は、マルクス経済学で言う労働者階級と資本家階級の対立の構図を、法的に固定化したものになっているのである。もはや階級対立など多くの人が意識しない時代に、それをあえて残存させ意識させる制度になってしまっていないか。

ドイツがこうした法的制度の整備を行なったのに対して、日本の企業が戦後行なったのは、建前としての会社法制度には手をつけず、実体として企業の最高権力機関である取締役会を従業員の意志を代表する人々を中心に構成しようとすることだった。つまり、内部の従業員出身の取締役がほとんどの取締役会をつくり、株主の発言が取締役会の場で具現化することを防いだのである。それはいわば、株主主権の制度を温存したまま、株主主権のサイレント化を図ろうとしたものとも言える。それを可能にするためには、多くの企業が株式持ち合いを行なって、安定株主という名の経営陣に対して反対意見を発言しそうにない株主を増やしたのである。

いかにも、本音と建前の使い分けという日本的なやり方だが、その結果日本企業の多くは、潜在的に大きな問題を抱えることになる。それは、経営者のチェック機構の空洞化という問題である。国の統治の例でもわかるように、市民権者がその権利を行使するのは主として統治権力を委託した為政者のチェック機構を通じてである。それが国の政治の場合、選挙なのである。

こうした企業の権力機構の話はコーポレート・ガバナンス（企業統治）という名前で呼ばれることも多いが、経営者のチェックがコーポレート・ガバナンスのカギなのである。

ドイツの場合、それは監査役会が担っており、この機関に労働組合が参加する。日本の場合、この機能は依然として株主総会が担うことになっている。しかし、そこをサイレント化しようとしたのが戦後の日本企業であった。それがたとえ従業員主権を株式会社制度の下で実現するための手段として意義があるにせよ、その結果、現行法制度の準備したチェック機構は実効を失い、しかしそれに代わるチェック機構も用意されていない。この現実は望ましくない。

将来は、何らかの形でドイツとは違うコア従業員の主権の実現手段の制度が、経営者のチェックという局面で必要になるだろう。私自身のこの点についての提案については、『日本型コーポレート・ガバナンス：従業員主権企業の論理と改革』（伊丹敬之著、日本経済新聞社、二〇〇〇年）を参照してほしい。

第3部

リーダーのあり方

第8章 人を動かす

経営とは、他人を通して事をなすこと

第2部までは、企業について、そしてそこで働くことについて、語ってきた。いよいよ、経営するということについて、話を進めることにしよう。その第一歩は、リーダーのあり方である。人を動かすということが、経営の本質だからである。

歴史小説の大家宮城谷昌光さんは、中国古代のリーダー像と人の心の綾を見事に描き、現代でも共感のできる小説として広い支持を集めているが、彼はその著書の一つで春秋時代の鄭の国の将軍子国にこう言わせている。

「将というもののありかたは、まず軍を統制し、兵の心を掌握することにあって、いかに戦うかは、そのつぎにくることである」（宮城谷昌光著『子産』（上）、講談社文庫、二〇〇三年、

三三三ページ）

統制とは、統率という言葉に代えてもいいだろう。束ねるのである。そして兵の心の掌握が将の第一の仕事で、戦略・戦術を考えるのはその次だ、と明言する。

時代も分野もまったく違うが、昭和の名宮大工・名棟梁と言われた法隆寺宮大工棟梁三代目の西岡常一さんにも同じような言葉がある。法隆寺宮大工棟梁には、代々伝わる口伝があるそうだが、それにこうあると言う。

「百工あれば百念あり、これをひとつに統《す》ぶる。これ匠長の器量なり。百論ひとつに止まる、これ正なり」（西岡常一著『木のいのち木のこころ』（天）草思社、一九九三年、一一四ページ）

匠長とは、棟梁のことである。百論が一つに止まれば、一が止の上に乗って、正という漢字になる。そして、もう一つの口伝が続く。

「百論をひとつに止めるの器量なき者は謹《つつし》み惧《おそ》れて匠長《しょうちょう》の座を去れ」（同掲書、一一六ページ）

西岡さんはこう言う。

「口伝のなかでも一番気に入っているものですが、このとおりですわ。たくさんの職人をひとつにまとめられなかったら、自分に棟梁の資格がないんやから自分から辞めなさい、というんですな」（同掲書、一一六ページ）

二人の言うことを企業に置き換えれば、現場で実際の仕事をしてくれる働く人たちの心の掌握、人心の統一が、企業組織のリーダーの最大の仕事だ、ということになる。社長であろうと、課長であろうと、プロジェクトリーダーであろうと、人の集団を率いる立場になった人には共通の最大の任務なのである。

なぜ、それが最大の任務なのか。なぜ、戦略や戦術を考えるよりも先にくる任務なのか。

それは、経営するということは、他人を通して事をなすことだからである。企業でも、建築でも、そして戦場でも、実際に一つひとつの作業をするのは、リーダーたる立場の人ではない。現場の一人ひとりである。リーダーからすれば自分自身ではないという意味で「他人」になる人たちが、実際の仕事をしてくれるのである。その人々は、人間として、頭があり、心があり、感情がある。その人たちを動かしてこそ、現実に組織としての仕事が実行できる。

西岡さんはこうも言う。

「棟梁の大きな仕事は、人に仕事をしてもらうことにあります。一人では柱一本もつこともできませんがな」

もちろんリーダーは何をしてもらうかを考える必要がある。たとえば、戦略である。しかし、どんな構想をリーダーが自分の頭の中に描いたとしても、実行するのは現場の人たちである。彼らの心を掌握しなければ、彼らがリーダーの思う方向へと動こうと思ってくれなければ、いい加減に作業をするだけであろう。心が一つにならなければ、企業の本質である「協働」などやってくれるはずがない。バラバラに動くだけだろう。

「大勢の他人に自分が望ましいと思う何事かをしてもらうこと」が、経営の本質なのである。つまり、他人を通して事をなす、「Doing things through others」、なのである。

リーダーとは何か

リーダーとは、命令を出す人のことではない。たしかに、リーダーとして命令を出す必要があることはあるが、それは一面に過ぎない。真のリーダーとは、人がついてくる人、人がついていこうと思える人、である。その結果として、自分が率いる組織の求心力の中心になれる人である。

人を率いるということは、他人を無理矢理に引っ張ることではない。率いるという実態が成立するためには、人がついていかなければならない。ついてくるとは、リーダーが指し示す方向へ人が動くことである。そして、ついていく人は自分の判断能力をもち、自分の利害も感情もある。その人がついていくのは、最終的に自分が納得するからついていくのである。時には疑いながらも、しかし、まあいいかと納得をして、その方向へ動くのである。

だから、単に強制力や脅しで人を動かしているのでは、それは長続きのするリーダーとは言えない。いつかは、人が自然に離れる。そして離れる前も面従腹背で行動することになるだろう。それでは、人がついてくる、とは言えない。

リーダーとしての権威の源泉はどこにあるか、人はなぜある人のリーダーシップに従うか、というそもそも論が経営学の世界で昔から行なわれている。そこでの興味ある結論は、リーダーの権威の源泉は、率いられる人たちがその人をリーダーとして認めて、ついて行くことを受容するからだ、というものである。これを、リーダーの権威受容説という。リーダーとしての真の権威は、職務権限規定が与えるものではなく、部下たちが彼をリーダーだと受容することによってはじめて生まれる、というのである。

つまり、フォローする人たちがその人がリーダーであるかどうかを決める、というコロンブスの卵のような考え方である。

こう考えれば、読者のみなさんの周りにいる管理者の多くが、組織上の地位はともかく実際にはリーダーとしての真の定義を満たしていないことがわかるだろう。独断専行で勝手に自分だけ踊る上司。命令だけして部下の納得も考えず、そして拙《まず》いことが起こるとガミガミと怒鳴る上司。そんな人たちは、部下たちがリーダーとしてはふさわしくないと思っていることだろう。

他人がついて行こうと思う状況が生まれるためには、さまざまなリーダーシップのパターンがあっていい。「オレについてこい」と勇ましく先頭を走るだけがリーダーシップではないだろう。

人格的な温かみや大きさで、人を魅了するリーダーもいる。西郷隆盛がそういう人であったようだ。あるいは考えていることのすさまじさ、スケールの大きさ、そしてそれを決断する勇気に感じ入って、リーダーとして受け入れられるというリーダーもあるだろう。織田信長がそのいい例であろうか。彼には人格的な温かみを深く感じさせるエピソードは不似合いである。さらには、ドジも踏むけどどこか憎めなくて、自分がいなくなるとこの人は困るだろうし、いざというときには案外しっかりしているから、と部下が思ってついていく、というリーダーがあってもいい。

リーダーも十人十色なのである。ただし、リーダーたるべき条件には共通する部分もある。それは、次章で考えよう。

人はなぜ、想定通りに動かないか

その前に、人を動かすということがなぜ難しいか、なぜ他人は自分の思う通りに動いてくれないのか、それを考えてみよう。

他人を率いることができない、人を動かすことが難しい、と言って悩む人は多い。はじめて管理職的な立場についた人の多くがそうだろう。部下が自分が想定するような動きをしてくれない、と悩むのである。

その悩みの源泉は、人はなぜある動きを取るか、についてのシンプルな構造を理解せずに、自分だけの思い込みで他人の動きを想定してしまうことにありそうだ。もちろん、人間の行動の構造は詳細に考えていけば、複雑きわまりない。ただ、シンプルな基礎構造もある。少なくともそれだけは、リーダーたろうとする人は外さないほうがいい。

個人の行動は、ベクトルにたとえられるだろう。ベクトルは、方向と大きさをもっている。方向とは「何をするか」ということ。大きさとは「どの程度懸命になってその方向での行動を取るか」ということである。

行動ベクトルの「方向」を決めるのが、よく言われる意思決定である。この方向に動こうと個人として決めるのである。それを、「命令によって自由に左右できる」と思ってはならない。個人は、命令に従うかどうかを決める自由をじつはもっている。その上、命令に従ったふりをする自由ももっている。

行動の方向が決まったとしても、それがすぐに十分な行動につながるとは限らない。意思を決めた後でもそれを実行するのをためらう人・遅らせる人がたくさんいる。生半可に実行する人も多い。決定の内容をどの程度実行するか、どのくらい一生懸命に行なうか、その濃さや程度が、ベクトルの大きさである。

その大きさを大きくしている源泉は、個人の心理的エネルギーである。しかも、頭の中の意思決定と現実の行動の間にはジャンプがあることが多い。そのジャンプへと踏み切るためには、大きな心理的エネルギーがいる。そして、踏み切った後でも、持続して努力しなければ、成果は生まれない。その持続的努力にも心理的エネルギーがいる。それが、「人間のやる気」という平たい表現で言われるものである。

では、個人の意思決定と心理的エネルギーを決めているのは何か。個人の意思決定を決める主な要因は、個人がもっている目的、情報（記憶されている情報や知識）、思考様式（認識と判断のパターン）、感情、という四つの基礎要因であると言っていいだろう。

同じような状況におかれた人でも、個人としての目的が違えば、意思決定は違うだろう。他人との融和をしながら平穏に過ごしたいという目的をもっている人は、それなりの決定をするだろう。組織の将来を自分のこととして考えたいという目的をもっている人はまた別な決定をするだろう。

さらに、個々の人間はもっている情報が違うのがふつうである。単に上から伝えられる情報が違うというばかりでなく、それまでの経験から得た情報蓄積も違えば、仲間から聞いている話も違うかもしれない。情報が違えば、仮に同じ目的をもっていても、意思決定は違ってくるだろう。

逆に言えば、情報さえ同じにすれば意思決定は人によってあまり変わらなくなることも十分あり得る。だからコミュニケーションの大切さが説かれるのである。リーダーの立場からすれば、自分以外の他人が自分に代わって判断してくれるとき、その人が自分と似たような情報をもつようにさえ仕向ければ、類似の判断をしてくれる可能性は高くなる。

第三に、ものを考えるときの思考様式がその人の育ってきた経験で違う。思考様式とは、個人としての認識のパターンや判断の様式である。同じ大学の卒業生でも違った企業に就職して一〇年もたつと、いつのまにか考え方に違いが出ることがよくある。それは、その企業での経験が個人としての思考様式に微妙な影響を与えているというい い例である。

第四に、意思決定の背後で個人としてもっている感情が影響を及ぼすということも十分にあり得る。感情に流されてしまって冷静な判断や選択ができなくなることもあるし、情熱があるために通常では思い浮かばないような創造的な代替案が編み出されるかもしれない。

心理的エネルギーの大きさが決まってくるメカニズムにも、この四つの基礎要因が大きな影響を与えると思っていい。とくにその中心は個人がもっている感情のありようであろう。何らかの理由で個人的に感情が高揚している人は、組織の仕事への心理的エネルギーの供給が大きくなるであろう。あるいは、リーダーからの働きかけによってモチベーションが湧いて、感情的にハイの状態になり、それが仕事のための心理的エネルギーを高めることももちろんあるだろう。

個人の心理的な感情だけでなく、目的、情報、思考様式もそれぞれに微妙な影響を心理的エネルギーの供給に与える可能性がある。自分の仕事の内容が個人の価値観や目的意識と同じ方向のものなら、エネルギーが湧きやすいであろう。あるいは過去の経験からの情報で、ある行動がいい成果を上げそうだと判断していれば、その種の行動にはやる気が出るだろうし、逆にどうも情報の内容が悪い、あるいは自分の思考様式にはそぐわない行動を取らざるを得ない、というような状況では、心理的エネルギーの水準が高くなるとは考えにくい。

以上のように考えると、他人が想定通り動かないのは、その他人の目的、情報、思考様式、感情のどれかについてきちんとリーダーが理解していないからだ、ということになる。他人なのだから、こうした四つの基礎要因を自分とまったく同じにしようとすることも完全に理解することも、そもそも無理な話である。せめて、情報の共有度を高め、その上で他の要因を理解するように努める。それが、人を動かすための原点だろう。

名経営者は名教育者

リーダーのあり方を考える上で、教育と経営の類似性を考えることの意義は大きい。名経営者は必ず名教育者だ、と思うからである。なぜか。

もちろん、人を育てることが経営者として重要だという意味で経営と教育は関係が深いのだが、それもよりも本質的に、教育するということの要諦と経営するということの要諦が同じなのである。したがって、経営者あるいはリーダーはあたかも教育者のようにものを考えると、経営がうまくいく、ということになる。

経営とは、他人を通して事をなすことだと再三述べている。他人が仕事をしてくれるのである。つまり、他人が「自ら事を行なうように仕向ける」のが、経営なのである。

それは、教育の本質と同じである。教育のプロセスがうまくいくとは、学ぶ本人（教師ではない他人である）が自ら学ぶことがうまくいくことである。教育の本質は自学であり、自育なのである。

つまり、経営も教育も「実際に事を行なう」のは経営者や教育者本人でない他人なのである。その他人の行動をうまく導くところに、経営と教育の共通の本質がある。

経営の要諦とは、つまりリーダーの要諦とは、次の三つのことをきちんと行なうことである。

(1)部下たちに仕事全体の方向を指し示す
(2)部下たちが仕事をしたくなる、やりやすくなる環境を整備する
(3)その後は、彼ら自身が自分で仕事をやるプロセスを刺激する。応援する

この三つのポイントの文章で、「部下たち」を「学生」に置き換え、「仕事」を「学習」という言葉に置き換えれば、それがそのまま教育の要諦となる。

(1)学生たちに学習全体の方向を指し示す
(2)学生たちが学習をしたくなる、やりやすくなる環境を整備する
(3)その後は、彼ら自身が自分で学習するプロセスを刺激する。応援する

こうした共通性があるのだから、名経営者が必ず名教育者であるのは、むしろ当然なのである。

大学などでは、教育者はしばしば研究者でもある。しかし、名研究者必ずしも名教育者なら

ず、であろう。研究はできるが教育はうまくない学者はかなり多い。したがって、名研究者必ずしも名経営者ではない、と言えるだろう。

それは研究と教育の本質の違いを考えれば、無理もない。研究の本質は、他人（他の研究者）の言うことを疑い、超えることである。何か新しい知見を社会に生み出すことが研究の本質である。しかし、教育の本質は、他人を疑うことではない。他人を、学生を信じることである。経営もまた、人を信じることから始まる。私は経営を考えるときには、性弱説（人は性善なれど、弱し）で人間を考えたほうがいいと思っているが、それでも人を信じ、仕事を任せることから経営は始まる、とも思う。他人を通して事をなすには、それが出発点なのである。経営と教育は、この点でも共通である。

アメリカの教育者ウィリアム・ウォードの言葉に、次のような名言があるという。

“The mediocre teacher tells. The good teacher explains. The superior teacher demonstrates. The great teacher inspires.”

「凡庸な教師は、命令する。いい教師は、説明する。優れた教師は、範となる。偉大な教師は、心に火をつける」

つまり、「The great leader inspires.」。世のリーダーたらんとしているみなさん、ガンバレ。

第9章　リーダーの条件

正当性と信頼感

どんな人なら、多くの人がついていってもいい、その人の言うことに従ってもいい、と思えるか。それが、フォロワーから見たリーダーの条件であろう。リーダーシップとはじつはフォロワーが決めていることを考えれば、もっとも大切なリーダーの条件である。人があるリーダーに従おうと思えるには、二つの基礎条件があるように思われる。正当性と信頼感である。

正当性とは、この人がリーダーとなることが正当であると思えることで、なぜこの人に従うのかと他人に問われたときに、単に自分がそれが好きだからというだけでなく、「それが正当と思えるから」と申し開きができることである。誰か他人に従うということは、じつはそれなりにかなりの決心である。したがって、人は自分の心の中でそして他人に「それでいいのだ」と申し開きをしたいと思うのがふつうであろう。

正当性を与える典型的な条件が、そのリーダーの公の立場あるいは権限である。たとえば、小泉後継ということで安倍晋三さんのリーダーとしての正当性が生まれ、それゆえに安倍支持が広がる、といった現象は、正当性の重要さを物語り、その正当性が「公にこの人がリーダーとして認められている」という世論によって生まれている例である。あるいは、二世がリーダーになるのが無難なことが多いのは、血脈という正当性があるからである。

前章で西郷隆盛の名を挙げたが、彼が幕末の動乱の中でリーダーとなり得た一つの理由は、彼が薩摩藩の代表という資格が与える正当性をもっていたからであろう。彼の人格的魅力があったとしても、この正当性がなければあれだけの立場になるのは難しかっただろう。あるいは、織田信長は織田家の嫡男であるということで初期の正当性を確保した。その後、足利将軍の後見役としての正当性など、彼は自分の正当性の根拠の確保に腐心するのである。

企業組織の中では、地位というものがしばしば正当性の論拠になる。そして、地位には権限がつきものである。だから、権限をもっているということが、リーダーたる条件にたしかになることがある。ただ、地位が与える権限を、次に述べる個人としての信頼感がないままに、過剰に振り回す人が出てくる。そんな人は、真のリーダーにはなれない。

信頼感とは、この人についていっても大丈夫と思える感覚である。その感覚をなぜフォロワーがもてるかを素朴に考えてみると、信頼感を生み出す基礎要件が二つありそうだ。人格的魅力とぶれない決断、である。人間として魅力的で、だから信頼できる。あるいは、考えている内容や決断の正しさ、そしてそこからぶれないことに信頼がおける。

人格的魅力とは、カリスマ性という表現でもいいかもしれない。人間が感情の動物である以上、人々が感じる人格的魅力が、たぶんに気分的にあるいは情緒的な側面に左右されるのは、当然であろう。そうした人格的魅力の背後には人格的な温かさがあることが多い。その温かさが接触の心地よさをもたらし、その心地よさが人間としての信頼感につながる。西郷隆盛などはその典型例であろう。

リーダーへの信頼感の第二の条件は、ぶれない決断であろう。

ぶれない決断が信頼感につながる理由は、三つある。第一に、そもそも決断してくれるということ。それが信頼感を生む。第二には、その決断の内容が筋が通っていて、だからわかりやすいし、正しい可能性が高い、ということである。つまり、本筋の決断だから、信頼感が生まれる。第三に、状況の変化と共に決断を安易に変えない、という意味でぶれないことである。一つの筋を通してぶれないからこそ、人はついて行こうとする信頼感をもつ。

そもそも、「決める」ということ自体が、信頼感のベースである。人々がついていく、方向の最終的な決断である。時には、決める内容以上に、とにかく決めて方向が定まること自体のほうがよほど大切なことがかなりある。だから、リーダーは決断しなければ話が始まらない。

それが、信頼の第一条件である。

その決断は多少視野が狭くてもいい、思考がやや浅くてもいい、とにかくそれなりの視野と深さのある筋がきちんと通った思考の結果としての決断であって欲しい。それが、本筋をきちんと踏まえた決断ということで、信頼の第二の条件になる。

そして、その決断をいったんしたら、そこから容易にぶれないで欲しい。それが、信頼の第三の条件である。状況が変わっても、首尾一貫して欲しい。万が一、変更をせざるを得ないことになったら、その変更の理由をきちんと説明して欲しい。過去から現在へと、「一つの筋」という首尾一貫性があることである。それが、信頼を生む。

器量とは

信頼感というのは、フォロワーから見たリーダーの条件である。では、リーダーたろうとする人がその信頼感を勝ち得るために、どんな条件を備えておくべきと思われるか。それが、「器量」という言葉でしばしば言われるものであろう。器量を磨く、器量を大きくすることが、リーダーたりうる条件になる。

では、器量とは何か。こういうものを分解して考えるのはあまりよくないようにも思えるが、しかし解説のためには分解しなければならないであろう。

「あの人は器量が大きい」とか、「彼には器量がないから」といった表現を日常的によく聞く。

その器量とは、何だろうか。私は、三つのものから器量は構成されているように思う。

⑴考えることのスケールの大きさと深さ
⑵異質な人を受け入れる度量
⑶想定外の出来事を呑み込む力

もちろん、この三つの要件は、ある意味で重なり合う部分があり、あるいは相互に関連しているだろう。同じ「器量」に異なった側面から光を当てているのだから、当然である。

第一の要件は、思考のパターンである。

日頃から大きく、深く考えるから、その人は「大きく、深い人物だ」と思える。周りの人には思いもつかない範囲まで考えたり、徹底的に考えたりしているから、みんなが納得する意見を言えるようになる。その大きさが、器量なるものを感じさせる。

そして、考えていることが大きく深いから、物事の進み方の大きな筋をつかめるし、その筋に従った決断にかなりの自信を自分でもてる。だから、筋が通り、ぶれなくて済むのである。

第二の要件は、対人関係のパターンである。

自分とは違うタイプの人を斥けない。どんな人かよくわからない段階でもまず前向きに信じてみようとする。そうした対人関係のパターンをもっていると、他人はその人に近づきやすくなるだろう。いわゆる、「あの人は懐が深い」といった表現で言われるようなことである。その懐の深さが、器量を感じさせる。

この要件をもっていると、人ひとりを単に個別に判断するのではなく、自分の周りにいる人たちを全体の組み合わせで考えられるようになるだろう。だから、多様な人を同時に受け入れられる。全体として味が出ればいいと思えるのである。それもまた、懐の深さの感覚につながるだろう。

第三の要件は、さまざまに自分の周りで起きてくる出来事への対処のパターンである。想定外の事が起きてしまうのは、世の常である。そのときに、うろたえずに落ち着いて的確な対応ができるかどうかで、その人の器量のかなりは決まる。

想定外の出来事を呑み込むとは、まずその出来事を自分なりに大きな地図の中に位置づけることである。自分のおかれた位置がわからなければ、適切な対応の考えようがない。そしてさらに呑み込むとは、位置づけた後の事後処理をきちんとできるということである。その事後処理能力があれば、じつは事前にさまざまな出来事が起きても何とかなる、と思えるだろう。

想定外の状況でも自分の位置づけをできるためには、そのための大きな地図をもっていなければならない。大きな地図をもつためには、じつは日頃から考えていることのスケールの大きさと深さが必要となる。ここで、第三の要件が第一の要件につながっていく。

大きな地図の中での事後処理は、大きな筋を外れたものにはならないだろう。だから、フォロワーとしては、「ぶれない」と感じることができるのである。

リーダーになってはいけない人

以上では、望ましいリーダー像を考えてきた。しかし、その像を十分に実現できる人の数が多いとは限らない。だから、逆張りで、リーダーになってはいけない人はどんな人か、考えてみよう。せめて、よきリーダーにはなれなくとも、悪いリーダーにならないために。

さまざまな観点からリーダーになってはいけない人を考えることができるだろうが、少なくとも次の三点の性癖をもっている人はリーダーとしてふさわしくないと思われる。

(1)私心が強い
(2)人の心の襞《ひだ》がわからない
(3)責任を回避する

まず、私心の強い人について。

私心が強いとは、リーダーとしての仕事のありように自分の利害をからめる人である。もちろん、個人として達成意欲が強いとか、自分の求めるものを追いたい、という側面をもつのは、人間誰しもあることだろう。しかし、とくに部下の評価やチームの成果の配分で、自分の利害を優先するという意味での私心が強い人は、結局は人がついていかないだろうし、間違った判断をしそうである。

さらに、私心が強いリーダーは、他人も私心が強いだろうとつい想定して、その私心や利害で人を操ろうとする。しかし、経営とは、他人を操って誘導することではない。他人に事をなしてもらうことなのである。操ろうとすれば、操られる側は頭がいいから、すぐに見抜かれてしまうだろう。そして、逆に操られるのがオチである。

第二に、人の心の襞について。

リーダーの役割は、人間集団の求心力の中心となることである。そして、リーダーは、人々がフォローするからこそリードできる。しかし、フォローする人々は、みんな心をもっている。その襞を理解できずに無神経なことを連発するリーダーには、結局人はついて行かない。

もちろん、人の心の襞を理解するということと、その襞の一つひとつにきちんと手配りをするということとは一緒ではない。さまざまな人がリーダーのチームの中では働いているだろう。そのすべての人の襞を満たすような行動が取れればそれにこしたことはないが、しかしそれは不可能であることも多い。それはしなくてもいい。

しかも、時には心の襞を理解した上で、あえて「泣いて馬謖を斬る」必要があることもあるだろう。そんなとき、心の襞を理解した上での行動と、襞を理解しない無神経な行動の間の区別を、多くの人はできるだろう。

第三に、責任の回避について。

リーダーは人の集団を率いる以上、その集団の上げる成果について、責任をしばしば問われる。当然である。だが、その責任を回避したがり、環境のせいや他人のせいにしてつい言い訳を言う人がいる。そんな人は、リーダーになってはいけない。

責任には、何かを決める責任と決めた後の結果責任と、両方ある。責任を回避したがる人は、そもそも決めたがらない。それが部下たちが一番困ることである。どちらの方向でもいいから決めてくれれば歩き出せるのに、決めないから誰も歩き出せなくなるのである。

その上、責任を回避したがる人は、結果責任など当然忌避する。結果は悪かったが自分の判断は間違っていなかった、などと言い募ったりする。さらに悪いのは、結果責任を部下に押しつけて、「二階に上げてハシゴを外す」ことである。そんなことをされたら、人がついてくるわけがない。

やっかいなことに、責任を回避する人はいわゆる「いい人」であることが多い。責任を回避するとは、自分に対して厳しくないからである。そして、自分に厳しくない人はしばしば、他人に対しても厳しくない。その厳しさのなさが、「いい人」と映ることも多い。だから、ある程度の支持が集まる。しかし、いい人ほどリーダーとしては危険が大きい。八方美人で、結局何も決めないからである。

リーダーの育ち方

生まれながらにリーダーとしての素質をもっている、という人も稀にはいるだろう。しかし、多くの人がさまざまな経験をしながら、リーダーとしての条件を備えるよう、それなりの器量をもてるように、育っていく。

その育ち方のヒントが、名経営者の育ち方にありそうだ。もちろん、多くの企業組織のあちこちで必要となるリーダーのすべてが名経営者になるべきだとは思わない。しかし、そこまではいかなくとも、名経営者に学べるところは学んだらいい。

経営者として大きく育った人々を観察すると、三つの条件を兼ね備えた人が多い。「一つの志、二つの場」、という三つの条件である。その条件ゆえに、彼らが育つことが加速された。ポテンシャルが開花した。

まず第一の条件は、「志の高さ」である。単に自分の私利私欲を追うのではない公の心をもち、結果として何を人生で達成したいのかについて目的を高くもつ。

志といういわば青臭い言葉をあえて使っているが、もちろん、単なる理想主義や言葉が空疎にすべる空論を言っているのではない。現場では、現実のディテールをきちんと見る低い目線が必要である。しかし、それだけでは、まずい。それでは、大きくは育たない。低い目線と同時に、遠くはるかに見上げる目線も時にもつ必要がある。その高い目線は、志がもたらしてくれるものである。その高い目線が、自己修練の契機を次々とつくりだしていく。

第二の条件は、「仕事の場の大きさ」である。それも、若い頃に経験する仕事の場の大きさである。

大きな仕事の場では、幅広くさまざまな要因に思いをめぐらす必要が出てくる。大きなスケールでものを考えざるを得なくなる。そして、大きな仕事の場には、深い悩みとぎりぎりの決断を迫る状況が生まれるだろう。それはしばしば、苦渋に満ちたものになる。すべての関係者をハッピーにするような決断はほとんどあり得ない。その苦渋の経験が、その人に襞を刻む。

さらに、大きな仕事の場はしばしば、混乱の場でもあるだろう。その混乱の中で、ごたごたを整理整頓しなければ、事は前に進まない。その整理整頓には、細かな目配りがどうしても必要になるだろう。その目配りの積み重ねが、その人の視野を広くし、かつ他人に対する温かな目と厳しい目の両方の必要性を深く刻み込む。

こうして大きな仕事の場の経験の総体が、人が育つための土壌と肥料になっている。

第三の条件は、「思索の場の深さと広さ」である。

思索とは、さまざまな刺激を受けて人がものを考えるプロセスである。読書を糧として古人の思索から受ける刺激でもいい。生身の他者との対話を通じて内省的に自らに思いをはせる刺激でもいい。その思索のスケールと深さが大切なのである。

小さい事を考えている人は、小さく育つ。内省的な思索を大きな場で深くもつ人は、大きな事を考え、大きく育つ。人は、思索の場の深さとそこでものを考えるスケールの大きさに応じて、育つ。

深い思索の場をもつように努力している人は、その考えるプロセスから物事の道理を自分で発見していく。経営について、人間行動について、社会の動きについて、よき経営者は自分なりの考えをもっているのがふつうである。だから、彼らの話は納得性が高い。

つまり、「人は、志の高さに応じて、仕事の場の大きさに応じて、思索の場の大きさに応じて、育つ」。

しかし、忙しい現場で働く将来のリーダー候補の読者の中には、この三つの条件を完備することは難しいと思う人もいるだろう。たしかに、難しい。しかし、その条件を少しでも揃えなければ、自分は大きくは育たないと考えざるを得ない。あなたは、あきらめますか。

第10章 リーダーの仕事

内へ、外へ、上へ

組織の中のリーダーは、トップを除けば、すべて中間管理職である。部下もいるし、上司もまたいる。トップを頂点とする組織の三角形を書いてみると、そこに補助線を引けば小さな三角形が大きな三角形の中に生まれる。その小さな三角形の頂点に、リーダーは位置することになる。

そこでのリーダーの仕事は、方向としては三つの方向への仕事があることになる。まず第一に、小さな三角形の内側（あるいは下）へ向かって、つまり部下に対して、どう働きかけるかという「内への仕事」。第二に、水平方向に外への仕事がある。企業組織の外で自分の担当になる世界へ向かってどのように働きかけるか、あるいは外との対処をどうするか、という「外への仕事」である。第三に、上向きの仕事がある。自分の上司に向かってどう対応するかという「上への仕事」である。

この三種類の方向の仕事の中で、リーダーの仕事としてもっともふつうに意識されるのは、おそらく「内への仕事」であろう。それは、大別して三つのことからなると考えればよい。

まず第一に、小さな三角形のチームの中で誰に何を分担してもらうかを決めるのが、原点である。分担してもらうとは、「分業して任せる」ことである。もちろん、組織の中の中間管理職としてのリーダーにとって、企業全体の中でのそのチームの分担はそもそも上から与えられているであろう。そして、チームのメンバーについてもリーダーが勝手に自由に人選するわけにはいかない。しかし、与えられたメンバーの中で、「誰に何を」という配置は、リーダーが決めることがしばしばである。それが、この第一の仕事である。

リーダーの内への仕事の第二は、チームとしての業務のプロセスのプロセスマネジメントである。具体的に現場の仕事が動いていくのを引っ張っていく、そのマネジメントである。これがリーダーの仕事の中心だと思われるので、そのポイントは項をあらためて論じよう。

そして、内への仕事の第三は、人を育てることである。自分が率いる小さな三角形のメンバーはそれぞれ育つポテンシャルを何らかの形でもっている。そのポテンシャルは彼らが仕事を実際にやっていくプロセスで、開花もすればしぼみもする。人は仕事の場で育つのである。その育つプロセスをきちんと確保することは、人を率いるリーダーとしての責任であろう。そして、「誰に何を任せるか」の決定は、この育つプロセスに大きな影響をもってくるのである。リーダーは、この意味でも教育者にならざるを得ない。

「内への仕事」はたしかにリーダーの仕事の中心だが、外への仕事も上への仕事もリーダーの仕事であることを忘れてはならない。この二つの仕事の本質は、外に対しても上に対しても、小さな三角形の代表者であることである。リーダーだけが、小さな三角形を代表して、外に対しても上に対しても発言できる。そして、リーダーだけが外からの圧力、上からの圧力に対して、小さな三角形の内部を守ることができる。それは、外と上への働きかけをすることであり、小さな三角形へと押し寄せるさまざまな波を最終的には自分一人で受け止めるという防波堤の役割である。

さらに、リーダーだけが、その組織を代表して責任を取らなければならない立場にある。責任を取るとは、ときには辞任を意味する。代表者として、組織を守るためには自分が職を辞することが必要になる、という状況があり得るのである。

こうして、内へ、外へ、上へ、と三方面に向かってリーダーの仕事はある。しかも、それらが絡み合う。たとえば、上への働きかけに失敗して上層部からの理不尽な命令に安易に従えば、リーダーは部下たちの信用を失い、彼らがフォローしてくれなくなるだろう。それでは、リーダーの内への仕事はそもそも成り立たない。

三方面作戦を成功させるのは、簡単なことではない。「男はつらいよ」とは寅さん映画のテーマだが、リーダーもつらい。

刺激と束ね

リーダーの内への仕事のうちの一番中心になるプロセスマネジメントについて、リーダーとしての基本行動は何だろうか。

それは、部下たちを「刺激すること」と「束ねること」である。

ヒトは、何らかの内的あるいは外的な刺激がないと行動を起こさない。あるいは、起こしたとしても低水準の活動レベルしか保たない。だから、組織の活動を活発に保つためには、広い意味での「刺激」が必要となる。それを与えるのが、リーダーの基本行動の第一である。

それは、「やる気を出させること」と言い換えてもいいだろう。そのためには、さまざまな具体的手段があり得る。

たとえば、自分たちで自分たちの行動を決められる自由を与えられると、元気が出る人が多い。自由という刺激が、意味をもつのである。あるいは、リーダーが一種の模範となって、「あんな人になりたい」とやる気が出る人もいるだろう。「自分自身にとっての目標」という刺激をリーダーが与えているのである。または、危機感を感じるような状況に追い込む、あるいは実際にある危機をきちんと受け止めさせると、それは大変だとやる気になる人もいる。危機という刺激である。また別の状況では、成功への金銭的報酬がやる気を引き出すこともある。

金銭という刺激である。さらには、エネルギー水準の高い新人をチームに放り込むと、他人のエネルギー水準が刺激になることもあるだろう。

刺激は大切だが、それがすべてではない。個々の人が刺激されただけでは、チームとしての協働につながる最初の峠を越えただけである。彼らの行動が、多様でバラバラのままであれば、チームとしての協働にはならない。そこから、個々の行動を「束ねる」必要が生まれる。

束ねのためにリーダーが取る具体的行動は、これまた、さまざまである。

みんなの話を聞いた上で、統一した行動をリーダーが指示する、というのがもっともわかりやすい束ねであろう。個々の行動の命令である。しかし、すでに言ったように、たとえ命令をしても、その通り動くかどうかは、わからない。最終的には部下たちに自由裁量が残るのである。

束ねとしてもっとも大切なのは、「方向性を説得的に示す」ということであろう。リーダーが示した方向性に向かって、多くの人が努力すれば、それが自然に束ねになっている。ここでは出される方向性の納得性とリーダーの説得能力がカギとなる。

ただし、方向性を示すことは単に束ねだけのためでなく、外に向かってあるいは上に向かって自分のチームの立ち位置を決めるという大切な意味ももっている。それは、自分のチームが将来どのように生きていくかを決める基本となり、代表者としてのリーダーの大切な役割でもある。

束ねのためには他にも手段はある。たとえば、事後的な束ねの必要が小さくなるように仕事を設計するという手段もあり得る。チームの仕事を非常に細かく細分化して分担してもらい、かつ個々の細分化されたパートの全体が最初から統一が取れるように、実際の業務を設計するのである。これとはまったく逆に、束ねが上からの指示がなくとも自然に生まれるように部下たちが相互に相談し合うような雰囲気や場をつくることもあり得る。さらには、みんなが自然に同じような方向で判断をするように、情報の共有を図り、理念の共有に心がけ、そして一つの組織文化を醸成したり、という束ねの方法もあるかもしれない。

刺激も束ねも、風呂の湯加減に似ている。多すぎてもいけない。少なすぎてもいけない。ちょうどいいのが一番いい。だから、難しい。腕の悪いリーダーは、一つの方法で強めに行きすぎる。だらしのないリーダーは、すべてに甘すぎる。

刺激のための手段の多くは、使いすぎるとその効果がなくなってくる。その最悪の例が、金銭的刺激の使い過ぎであろう。たしかにいったんは効くことが多い。しかし、金銭でつられた人間は、もっと欲しくなってしまう。麻薬のようなものである。しかし、際限なくお金を与えるわけにはいかない。だから、増やせなくなる。そうすると、別に減らさなくても、増えないというだけで不満の種になってしまう。

束ねもそうである。もっとも強力な束ね候補は、リーダーのところにすべての情報を報告させ、リーダーが全員の個々の行動を決めて指示することである。束ねという点では強力なのだが、いざ想定外の事態になったときにも、まずお伺いを立てなければ、となってしまって、柔軟な対応を現場で一人ひとりが行なえない。行なってはいけないということになる。あるいは、そうした習慣がついてしまうと、「私やるヒト、あなた考えるヒト」となりがちで現場の思考力が衰えてくる。さらには、現場の自由度を剥奪しているのだから、刺激という点ではマイナスになる。

タテの働きかけ、ヨコの場づくり

刺激も束ねもちょうどいいのが一番いいのだが、そのバランスは容易ではない。自由と規律、分権と集権、などなど古来から人を悩ませてきた人間集団のさまざまな本質的ジレンマがその陰に潜んでいる。経験を積んで、いい湯加減の感覚を自分でつかむしかないだろう。

そのいい湯加減の一つのコツは、刺激も束ねも決してリーダーから部下に向かってのタテの線の働きかけだけでなく、部下たちの間のヨコの相互作用をうまく引き出すという方法があることを明確に意識することである。

部下たちは、お互いにヨコを見ている存在である。同僚に刺激をされることもあれば、同僚と相談して行動の調整を自発的に取ることも可能である。たくみなリーダーは、こうしたヨコの相互作用をうまく使っている。それは、ヨコで相互作用的に自分たちで動くという「自由」と、タテの働きかけがもたらす「規律」を、うまくバランスさせていると言ってもいいのかもしれない。

リーダーが人を動かすための作業の中心的部分がタテの働きかけであることは、わかりやすい。戦略を示す、部下の権限を決める、部下のインセンティブの仕組みを決める、直接的に指示する、などなどさまざまな仕方で、リーダーは人々に「上から」つまり「タテに」働きかけている。

しかし、組織の中で人々は、最終的には自分たちなりに行動を決めている。その際に彼らが考えるのは、決してタテからの働きかけだけではない。組織の他のメンバーの行動を彼らは互いに見ている。互いにコミュニケーションをしている。いわば、ヨコの相互作用も組織の中ではつねに起きている。そして、その相互作用のインパクトによって、人々の行動や努力、あるいはものごとの理解や心理的エネルギーも左右される部分がある。

たとえば、大きな部屋でみんなの姿が見えるような形で働いていれば、いやでも他人の姿に誰しも大なり小なりの影響を受けるだろう。つい相談もするだろう。その結果、情報的にも心理的にも生まれてくるものがあり得る。

たとえば、情報的には、情報共有、新しいアイデア、判断基準の共有、他のメンバーの人となりの理解、意思統一、価値観の共有、などがヨコの相互作用から生まれてき得る。心理的には、祭りの中に入るとついウキウキするように、心理的高揚感、仲間意識、感動、などが生まれることがある。こうして生まれるものが、人々にとって刺激になり、束ねになる。

そうしたヨコの相互作用を起こしたり活発化させるための状況づくりを、「ヨコの場づくり」と呼べば、それはリーダーの仕事の一つである。場とは、ヨコの相互作用の容れもの、あるいは舞台のことである。それは従来の経営理論では不当に小さく扱われてきた部分であるが、しかし、現場の優れたリーダーたちは、大切にしてきた。それも、マネジメントの一つのあり方だと思う。

「タテの働きかけ」は、その影響を受ける側のメンバーからすれば、「他律」的なにおいの強い現象であろう。したがって、「動かされている」という他律的感覚が生まれる。それにたいして「ヨコの相互作用」は、メンバーが自由度をかなりもって自己組織的に動くプロセスである。それは、かなりの「自律」あるいは自由の匂いを感じさせる現象である。だから、魅力がある。

タテも大切、ヨコも大切。その両方をともに行なうのが、リーダーの仕事である。マネジメントをタテだけのイメージで捉えてはならない。

想像力と責任感

しかし、タテの働きかけもヨコの場づくりも、結局は刺激と束ねが働く人々の間で起きることを考えて行なうことである。それを考える上でリーダーにもっとも要求されるのは、その刺激や束ねの対象になる側の人間が、刺激や束ねの具体的な手段をどのように受け取るかという人間の心の想像力であり、そして刺激や束ねの結果として現場でどのような行動が生まれて、どんなコトが起きてしまうかについての想像力である。

そうした想像力を、現場想像力とここでは呼んでみよう。現場のヒトとコトについての想像力である。それも、ディテールにわたって、現実的に想像できる力である。

最近、考えられないミスが現場で起きるという話をよく聞く。直接の原因は、合理化しすぎて現場をぶらぶらと見回って何くれとなく細かいところに気をつけている年配者がいなくなったことだそうだ。それは結局、マネジメントする側の立場の人間に現場の想像力が足らなくなっているから起きた現象なのではないか。そういう一見ヒマに見える役回りの人がいないと、現場で細かな刺激と束ねが少なくなってしまうのではないか、という想像力である。

リーダーが刺激と束ねのあり方を考えるとき、現場想像力は不可欠である。しかし、人の心は目には見えない。その目には見えないものを正しく想像しなければならないのである。

現場ばかりでなく、自分たちのチームを取り巻く環境がどの方向へ動くかを、リーダーは想像しなければならない。代表者として、自分たちが動く方向性を決める役割がリーダーにはある。そのとき、どの方向を取ればいいかの判断は、未来の環境の読み次第で変わる。しかし、未来は誰にも見えない。だが、その見えないことを何とかして想像しなければ、方向性は決められない。

現場も未来も、そのディテールは目には見えない。しかし、リーダーの仕事は、目に見えないことを想像することである。現場と未来の両方で、現場には目線を低く、未来に対して遠くを見晴らすように高い視線で、ともに目に見えないことを想像する力が、必要である。

任して任さず、という一見、矛盾するような言葉がある。松下幸之助さんが好んだ言葉の一つだそうだ。リーダーが自分でやるべきことと他人に任せるべきことの間の線引きの微妙な消息を伝える言葉である。

この言葉にはいくつか意味がありそうだ。その一つは、現場想像力の大切さであろう。部下に実際の仕事を任すのだが、じつは自分の想像の世界ではそれをなぞっているときがある。だから、任さずでもあるのである。その想像力がなければ、任しっぱなしになってしまう。

この言葉はしかし、もう一つ重要な意味をもっている。それは、権限は任すことはできるが、責任は任すことができない、という意味である。権限の委譲はあるが、責任の委譲はない。権限は任し、責任は任さず、なのである。

部下が行なったことでも、責任は最後はリーダーがその組織の代表者として取らざるを得ない。それがリーダーの役割の一つなのである。責任を部下になすりつけて自分は頬かぶりする人、そしてそのときに「権限を渡しているのだから」と言い訳しようとする人には、人はついていかないだろう。いつ、二階に上げてハシゴを外されるかわからないからである。

想像力と共にリーダーに不可欠なのは、責任感である。その責任感に欠ける人はリーダーになってはいけない。

第11章 上司をマネジする——逆向きのリーダーシップ

上司をマネジするとは

組織の中のリーダーには、社長を除いてつねにその上の上司がいる。その上司に対して、上向きのリーダーシップ、部下をリードするということからすれば逆向きになるようなリーダーシップが、しばしば必要とされる。

それを、上司をマネジする、と呼ぼう。もちろん、上司に命令するのではない。上司を管理するのでもない。あえて言えば、上司を動かす、と言おうか。それは、上司の言動や行動に影響を与え、自分が望ましいと思う方向へと上司を引っ張っていく努力のことである。

なぜ、その努力がリーダーの仕事として大切なのか。それは、チームのリーダーが組織全体の中で、上と下の結節点に位置する存在だからである。

上向きにものを考えてみると、リーダーは自分の指揮下にあるチームを組織全体の中で位置づけて考える立場にある。そのチームの仕事はチーム単独で勝手に動くだけでは意味をなさず、あくまでも、より大きな組織全体の一部として機能することによって、そのチームの仕事の意義が生まれる。だから、自分たちのやりたいこと、やるべきことを組織として納得してもらい、必要な資源を配分してもらう必要がある。そのための組織の上層部とそのチームをつなぐチャネルのカギを握っているのが、上司なのである。

チームのリーダーから下向きに見てみれば、そのチームの仕事は部下たちによって行なわれている。その部下たちは、リーダーの仕事ぶりをその背中で見ている。人間として信頼できる人か、自分たちの仕事がやりやすいような状況整備をしてくれているか、を見ているのである。信頼にせよ、状況整備にせよ、その大きなカギを握るのが、リーダーによる上司のマネジメントである。上の言いなりになるような自分の骨のないリーダーは、部下に信頼されないだろう。自分たちの仕事の状況整備もせずに、ただ成果を要求するようなリーダーには、部下たちはついていかないだろう。上司のマネジメントのきちんとできるリーダーに部下たちはついていく。上へのマネジメントができるリーダーが、下へのマネジメントもできるのである。

上司のマネジメントの主な手段は、「影響」しかない。命令はもちろんできないし、説得をして、自分の望ましいと思う方向へと動いてもらうしかないことが多い。それは、まさしく、「影響」である。部下たちのへの影響活動が部下たちのもっている四つの基礎要因（目的、情報、思考様式、感情）に働きかけることによってしか行えないように、上司への影響活動も上司が人間としてあるいは組織人としてもっている四つの基礎要因へ何らかの形で働きかけるしかない。

ただし、時には「無視する」という上司のマネジメントの手段があり得る。理不尽な要求を上司が言ってきたら、リーダーはその要求から部下たちを守ってやる責任がある。そして守るためには、部下たちに上司の要求をそのままでは伝えずに、上司の要求を無視したり変えさせたりする努力がしばしば必要となる。あるいは、無視をしてさらに上へ直接意見具申をするという非常手段もときには必要になるかもしれない。上司を飛び越えるのである。

「中間管理職は土管管理者になるな」、という言葉を聞いたことがある。土管とは、上から下へ、なんでも詰まらずにスムーズに流すパイプのことを言う。土管のごとき中間管理職では、部下たちはたまったものではない。チェックもなしに、上司の要求がそのまま下りてきてしまう。そんな土管では、リーダーの存在意義などないに等しいのである。その上、そんな土管に人事評価されたくない、と誰しも思うであろう。

経営とは「他人を通して事をなすこと」と前に書いた。その他人が、上にも下にもいるのが、社長を除いたすべてのリーダーなのである。上の他人が、つまり上司である。だから、上司のマネジメントはきわめて重要なのである。

ホウレンソウが基本

上司のマネジメントの目的は、上司が自分たちの仕事がしやすいように取りはからってくれるようにすることである。

そうなるためには、防御と攻撃、あるいは受け身と能動で二つのことが大切になる。第一には、防御あるいは受け身的なもので、チームのリーダーとして自分たちがやりたいと思うことを上司が干渉せずに、積極的に後押ししてくれるような状態をつくることである。もう一つはより攻撃的あるいは能動的で、自分たちのやりたいことに組織の資源がより大きく配分されるような状態、また組織内の認知が高まり他の部署からの応援が出てきやすいような状態、を上司がつくってくれるようにすることである。

そのような状態になるためにチームのリーダーのすべきことのもっとも基本的なことは、チームとしての仕事の方向性が組織全体にとって意義が深いものになるようにチーム活動の戦略をつくることである。意義深いとは、つまりは組織にとっての正義になるようなことを自分たちが行なうということである。その正義がなければ、上司を動かすマネジメントは単にリーダーの保身や出世のための手段と受け取られるだろう。

しかし、「やろうとすることに正義があれば、後は上司はそれを認めるべきだ」、というような高踏的なスタンスを取っていたのでは、上司のマネジメントはとてもできない。上司も人間である。上司もまた、さらに上司をもっているのがふつうである。人間としての性、組織の中の立場、そういうことを考えての上司のマネジメントが必要となる。

その基本は、組織としての正義は当然の基礎要件とした上で、よく言われる「ホウレンソウ」（報告、連絡、相談）であろう。「オレは聞いていない」という上司の一言でトラブルが始まることがいかに多いことか。それはほとんどが、ホウレンソウの欠陥なのである。

自分のチームの状況を定期的に報告する。大きな出来事があったときには、連絡をする。そして、重要な判断をする場合には、相談をする。この三つをきちんとやっていれば、上司は自分たちの仕事のプロセスへ過剰な介入をしてこなくなる可能性が高い。つまり、構わなくなるのである。上司が構うのは何か心配だからである。心配があまりないと思えるような状況にするためにホウレンソウは大切である。

ある経営者が、「Don't surprise your boss.」が基本だ、と言うのを聞いたことがある。一つのサプライズは、他のサプライズが隠れていないかという心配を引き起こす。サプライズをなくすためのホウレンソウなのである。

ホウレンソウの本質は、情報共有である。人間は同じような情報をもっていれば、それほど違う判断をするものではない。しかし、情報がうまく共有されていないと、その未共有には気づかないまま、お互いの意見が異なってくることになる。それが疑心暗鬼を呼んでいく。そうした行き違いは誰との間にもあることだが、とくに上司との間ではまずいことだろう。何かことが起きたとき、「オレは聞いていない」ということになってしまう。

上司とリーダーとの情報共有が上司のマネジメントの基本になるのは、当然である。上司という人間のもっている四つの基礎要因（目的、情報、思考様式、感情）のうち、上司の目的には部下の立場としてさわりにくいし、上司の思考様式も部下の身ではいかんともしがたいことが多い。上司の感情問題への配慮は当然すべきだろうが、上司の感情へ部下から影響を与えるようにするのは容易ではない。下手をすると、おべんちゃらやゴマスリになってしまう。そこでもっともやりやすいのが、情報への影響、つまりは情報共有への努力なのである。

ただし、ホウレンソウが大切だというと、それを自分の保身のためのリスクヘッジに使う人が出てくる。「すでにお耳に入れています」という弁解ができるようにするためである。そんなヘッジをすれば、じつは部下には見抜かれる。それでは、上司に対してはリスクヘッジができても、部下の信頼を勝ち取ることはできないだろう。

面子のマネジメント

人間誰しも、誤りはある。上司も誤ることがあるだろう。そのとき、リーダーとしてどういう態度や行動を取るか。それが上司のマネジメントの肝の一つである。

「あなたは誤っている」、と議論して説得するように努力すればいいだけではない。ましてや、面罵するのは最悪の上司のマネジメントだろう。上司にも面子《めんつ》がある。その面子にきちんと配慮しないと、四つの基礎要因のうちの「感情」に大きな悪影響が出てくる。感情のしこりはさまざまに尾を引きかねない。それでは、上司は動かせない。

かといって、誤りを放置するのは最悪である。第一、自分のチームの仕事に差し支えるような誤りなら、仕事に悪影響が出る。第二に、上司の誤りを放置するリーダーを部下たちはじっと見ている。部下からの信頼感に悪影響が出てくる。リーダーとして自分が機能できなくなる。

したがって、重大な誤りは「面子を考えつつ」きちんと正さねばならない。

そのやり方は、単純に考えて二つしかない。上司自身が誤りを正すようにもっていくか、上司を飛び越えて誤りを正すか。いずれのルートを取るにせよ、面子のマネジメントが最終的にプラスの効果が出るためのカギを握っている。誤りを正せても面子のマネジメントに失敗すれば、差し引きすればネットマイナスの効果に終わる危険もある。

上司自身が誤りを正すようにもっていくという第一のルートを取る場合、面子のマネジメントのカギは、上司が高い立場から自分で思い至って過去の判断（誤っていた判断）を変えた、という形をつくることであろう。「高い立場から」、「自分で思い至る」のが大切なのである。そのためには、単に正確な情報を提供するだけではだめだろう。それは必要条件だが、正確な情報だけで正しい判断ができるくらいならそもそも誤った判断をしていないだろう。したがって、何が正しい判断かの選択肢をきちんと提示した上で判断を仰ぐ必要があるだろう。正しい判断の選択肢がリーダー自身のアイデアであったとしても、そこで知的所有権を主張してはいけない。上司のアイデアかのごとくに思えるような配慮が面子のマネジメントには必要だろう。
上司を飛び越してリーダーが誤りを「越権で」訂正して、組織としての行動を決めてしまうのも、もう一つのやり方である。その際の面子のマネジメントのカギは、「訂正プロセス」をあまり明確にしないことであろう。上司が仮に気がついたとしても、多くの関係者が気がつかないようにうやむやに訂正してしまうことだろう。越権を何食わぬ形でうやむやにしてしまうのである。

もちろん、こうした面子のマネジメントなど必要でないような組織風土、正論がストレートに通るような組織が一番いいだろう。しかし、そうした理想型になれないのが人の世の常である。その世の中では、面子のマネジメントを「正論を最終的には曲げない形で」行なうことが、必要なのである。

面子のマネジメントでおそらくもっとも難しいのは、「面子のマネジメントなど考えるべきでない」と言えるほどの重大な誤りかどうかの判断である。面子に気を取られて上司の誤りの正し方がゆるんだ結果、組織全体に悪影響が巨大に残るようであれば、面子のマネジメントは組織の正義にはとてもならない。そのときは、「諫言《かんげん》」をきちんとする責任がリーダーにはある。そこまでいくべきかどうか、最後は組織の正義になるかどうかが判断のカギであろう。

部下はリーダーの背中を見ている

上司のマネジメントをきちんとできるリーダーに、部下は信頼してついてくる。

なぜか。二つ理由がありそうだ。

一つには、上司のマネジメントの状況が、そのリーダーの人格の表れる、一種の正念場だからである。上司に対して言うべきことをきちんと言えるかどうか、たんなるゴマスリでないことをしているかどうか。その人の人格が表れる。その人格が、リーダーの背中を通して、部下にはわかるのである。

もう一つの理由は、リーダーがきちんと自己をもち、自分の組織内の立ち位置とチームの進むべき方向性について深い理解や確信をもっていないと、上司のマネジメントはできないからである。上司を説得するにせよ、誤りを正すにせよ、それは何かの基準に照らしてするはずのことである。その基準がない人には、上司に従うことはできても、上司のマネジメントなどできないであろう。

つまり、上司をマネジするということは、自分をマネジすることができている、ということなのである。その自分のマネジメントを部下は背中を通して、見ているのである。リーダーに自己が確固としてあれば、仮に状況次第で上司に譲らざるを得ないときでも、自己は残る。しかし、自分のないリーダーは、譲れない。ただ、流されるか、いたずらに抵抗するだけになるだろう。

人格的な魅力なり、確固とした自己なり、それはリーダーに従う人々が本当に従ってもいいのかを決める、信頼感の源泉なのである。

人格も確固とした自己も、リーダーの背中に表れる。美辞麗句で自分を飾ろうとしても、それは背中から透けて見える。よく言うではないか、「上司が部下を理解するのには三カ月かかるが、部下は上司を三日で見抜く」。

部下はリーダーの背中を見ているが、部下の背中はリーダーには見えにくい。

第4部

経営の全体像

第12章 経営をマクロに考える

人を動かす二つのルート

経営とは他人を通して事をなすこと、したがって人を動かすことが経営の本質である、とたびたび指摘してきた。

第3部では、人間の集団を率いるリーダーのあり方について語ってきた。それは、人に直接接し、人を直接率いるリーダーとしての「率い方」の話であった。

しかし、そうした直接な人間的影響力によって「率いる」というルートだけで、組織の経営のすべてができるわけではない。組織の三角形の上のほうになればなるほど、現場の人間からの距離は遠くなる。直接話法で語りかけることは無理になる。もちろん、組織の上層の幹部でも、自分が直接接する部下はいるだろう。その部下たちとリーダーの間の関係は、第3部で語ってきたような直接話法の関係であろう。しかし、本当の現場のプロセスをいちいちかじ取りすることは、組織の上のほうのマネジャーにはできない相談である。

だが、組織の仕事は最終的にはすべて現場の人々によって行なわれている。そこに影響がいかなければ、マネジメントとしての意味はない。いくら本社で社長が立派な演説をしても、いくら企画部が立派な戦略の絵を描いたところで、それが現場の仕事に影響を与えなかったら、まったく無意味である。

したがって、組織の上にいけばいくほど、どうしても自分の責任範囲の組織全体に広く働きかけるための、直接率いるのとは異なるスタイルのマネジメントが必要になる。それは、人々が働く現場の仕事の状況に働きかけることによって、現場の人々の動きに何とか影響を与えようとするマネジメントである。

つまり、人を動かすには二つのルートがある。第一に、直接に人の働くプロセスに働きかけ、プロセスのかじ取りを自ら行なうことによるマネジメントのルートがある。そして第二に、組織の多くの人々が働いている仕事の状況・環境に何らかの形で働きかけることによって全体的に大きく人を動かそうとするマネジメントのルートである。たとえばその全体的な働きかけの一つの例が、企業としての方向性を示し、事業活動の領域を決めることによって、その方向性に沿った動きを現場の人々がすることを期待することである。

この二つのルートは、ミクロのマネジメントとマクロのマネジメントと呼んでもいいだろう。

ミクロのマネジメントとは、一つの人間集団の刺激を考え、束ねを考える、人間集団を直接に率いるマネジメントである。マクロのマネジメントとは、より大きな立場にたって、さまざまな人間集団がいる組織全体の、人々が働く仕事の状況や環境を設計するマネジメントである。

この本の第三部では、ミクロのマネジメントとしてのリーダーのあり方を考えた。以下の第4部では、マクロに経営を考え、「仕事の状況の設計としてのマネジメント」を考える。

一つの企業全体のトップの立場に立つと、じつは仕事の状況の設計よりもさらにマクロなマネジメントの問題も出てくる。たとえば、企業と資本市場との関係のマネジメント、労働市場や労働組合との関係のマネジメント、地域社会や政府との関係のマネジメント、などである。それらは、企業という経済組織体を大きな市場社会の中でどのように位置づけ、どのように外部との関係をつくっていくのかという、スーパーマクロなマネジメントである。この本の読者と私が想定しているのは企業で働く人々、幹部あるいは幹部候補生であるから、このスーパーマクロなマネジメントの課題は身近な問題ではないだろう。したがって、この本ではそのマネジメントの課題を直接的に取り上げない。しかし、じつは第2部「企業とは何か」で私が述べてきたことは、そうしたスーパーマクロマネジメントのための基礎知識でもあったことは、指摘しておこう。

マクロマネジメントとは、「枠づくり」

マクロマネジメントで仕事の状況に働きかける全体的なマネジメントとは、仕事の「枠づくり」のマネジメントと言える。組織の人々が仕事をしていく際の、さまざまな「大枠」に当たるものをつくることである。

その大枠として多くの組織のマクロマネジメントに共通するのは、次の五つの要因に関しての枠であろう。

(1)事業の枠（戦略）
(2)仕組みの枠（経営システム）
(3)プロセスの枠（場）
(4)人の枠（人事）
(5)思考の枠（経営理念）

「事業の枠」をつくるとは、組織の行なう事業活動の内容の枠づくりのことである。典型的な例は、事業活動の領域を決めることである。こうした事業の枠づくりは、その組織の事業活動の設計図としての「戦略」を決めるということである。より具体的に言えば、事業活動の領域を決め、そこでの活動の基本方針を描き、その方針にしたがって組織のさまざまな活動への資源配分を決めることである。

こうして事業の枠がつくられると、組織の人々は基本的にはその枠の中での事業活動に専念することが期待される。牛が放牧されている牧場の柵のようなものである。その枠の中での活動の内容の具体的な細部は現場の人々が決める自由度があっても構わないが、組織全体としてどんな事業活動を行なうかの共通方針はみんなが共有することによって、組織としての活動がバラバラにならないようにするのである。つまり、協働作業になるように枠をつくっているのである。

第二の「仕組みの枠」と第三の「プロセスの枠」は、仕事の実際のプロセスの基盤づくりのことである。

仕事の仕組みの枠をつくるとは、第一の事業の枠で決めた事業活動の内容がどのような仕組みで行なわれるかを決めることである。より具体的に言えば、組織の中の誰がどんな役割と責任をもつかを決め、その役割をみんながきちんと果たそうとする意欲が湧くようにインセンティブを工夫し、そしてみんなの活動の成果の業績測定を行ないそこからフィードバックして管理する、そうした仕組みである。

それを「経営システム」という。経営システムは、経営学の言葉で言えば、組織構造と管理システムからなる。

組織構造とは、組織の中の役割分担の体系であり、権限と報告の関係の体系である。それは、誰が何をなすべきかを決める公式の構造のことである。管理システムとは、そのなすべき役割の通りに組織が動いているかをコントロールするためのシステムである。そのために、役割への動機づけのためにインセンティブシステムがつくられ、業績をフォローするための管理会計を中心とする測定システムがつくられ、またその成果測定をベースにした事後的な評価の仕組みがつくられたりする。

経営システムは、タテの影響をきちんと与えることを目的とする仕事の仕組みの枠組みづくりと言っていいだろう。組織の上層部から現場へと、情報と影響が流れるようにし、また現場から上へと情報が流れるようにする仕組みである。しかし、すでに前に述べたように、組織に働く人々は単に上からの指示や影響（あるいはそうしたものを伝える経営システム）にだけ依存して自分の動き、働き方を決めているのではなく、自分の仲間がどのように動くかにも影響される。つまり、ヨコの相互作用もまた人々の動きを決める重要な要因である。

仕事の現場に立ち返って考えれば、仕事のプロセスの大きな部分は実際に仕事をする人々の間のヨコの相互作用に左右されていると言っていいであろう。したがって、その現場の人々の動きをよりよく導こうとすれば、彼らの間の相互作用をいかに適切に生み出すかが、マクロマネジメントの大きな関心事になる。それが、相互作用の容れものとしての「場」を生み出すという問題である。

それは、仕事の「プロセスの枠」づくり、と呼べるであろう。仕事の実際がどのようなプロセスで行なわれるか、そのプロセスの枠をつくることによって、人々が相互に作用しやすい状況をつくり、それによって仕事の遂行がスムーズになることを狙うマクロマネジメントの手段である。

マクロマネジメントの枠づくりを、事業の枠（戦略）、仕事の基盤の枠（経営システム、場）、と説明してきたが、最後に大切なのは、人がらみの枠づくりというマクロマネジメントである。ここでは、第一に人の配置そのものを決めることによって、「特定のどの人物が」具体的に何の仕事をするのかという「人の枠」とでも言うべきものを決めるというマクロマネジメントと、第二に多くの人々の「思考の枠」を何らかの形で与えたいという経営理念を決める課題と、二つのマクロマネジメントがありそうだ。ともに、人間そのものに焦点が当たった枠づくりである。

「人の枠」をつくるとは、「人事」を行なうということである。それがマクロマネジメントにとってもっている重要性は、多言を必要としないであろう。いくら立派な戦略と経営システムをつくっても、それを動かす人材がいなければ、現実の成果は生まれない。現場の人を動かすためのマネジメントの重要なポイントは、その現場で直接采配する人を誰にするか、という人事の問題なのである。

もう一つ、人がらみの「枠づくり」としてしばしば重要だと言われるのは、「経営理念」を共有することによって、現場で働く人々が同じ理念のもとで働くように目指すことである。

経営理念とは、二つのことについての基本的考え方である。第一は、この企業は何のために存在するかという、組織の理念的目的。第二は、経営判断の基本方針と企業に働く人々の行動についての基本理念。つまり、組織の目的についての理念と経営行動の規範についての理念である。この意味での経営理念が組織の人々の間に共有されていれば、人々の判断基準もかなり明確に共有される結果、組織としての協働作業もスムーズにいきやすいだろうし、組織の存在目的への共鳴は働く意欲にもプラスになるであろう。

経営理念を設定しその浸透を図ることは多くの経営者が大切なことと考えるが、それは人々の「思考の枠」を何らかの形で共有しようとする作業と呼んでもいいだろう。思考の枠を共有するというと他人を洗脳するようでネガティブな匂いが生まれ得るが、しかしそんなにネガティブに捉える必要はない。同じ信条、同じ価値観を共有することは、それが強制的でない限り、多くの人にとってはむしろ心理的エネルギーを湧かせることになり得る。多くの人にとって、志を同じくした人と働く方が価値観がまったく異なる人々と折り合いをつけながら働くよりも、うれしいものであろう。

マネジメントの全体像

以上、事業の枠づくり、仕事のプロセスの基盤の枠づくり、人がらみの枠づくり、大別すればこの三つがマクロマネジメントの基本であり、さらに細かく分ければ五つの枠づくりがあることになる。

これが間接話法の「枠づくり」という人を動かすルートの概要である。これにミクロマネジメントでの直接率いるという「人を動かす」ルートを含めて、何によって人を動かすか、というマネジメントの全体像を図にしてみれば、次ページのようになる。

この図で、最下部にある五つの四角で囲まれた要因、戦略、経営システム、場、人事、経営理念、これがマクロマネジメントを担当する人間がみずから「設計」しなければならないものである。つまり、この五つがマクロマネジメントの主要な設計変数である。

人事を設計するとは、人の配置を考え、将来の人材の育成の方策を考えることである。経営理念を設計するとは、人がパンのみにて生きるのではないことを深く理解して、組織の大義、理念的規範をきちんと考え、浸透させるための方策を考えることである。

戦略、経営システム、場、という三つの要因の設計は、もっとわかりやすいであろう。そして、これが経営学で議論される中心的な課題である。そこでこの第4部では、戦略、経営システム、場の設計について、それぞれかなりの章を割いて説明していこう。

この図はまた、組織の中のある程度の立場以上の人はすべて、この図全体を「人を動かす」ために考える必要があることをも示唆している。

課長であろうと、事業部長であろうと、事業部門長であろうと、あるいは社長であろうと、直属の部下はいる。彼らを「直接率いる」というリーダーとしての仕事がもちろんある。図の左部分である。と同時に、その直属の部下よりもさらに現場の近いところで働いている大勢の

図◆マネジメントの全体像

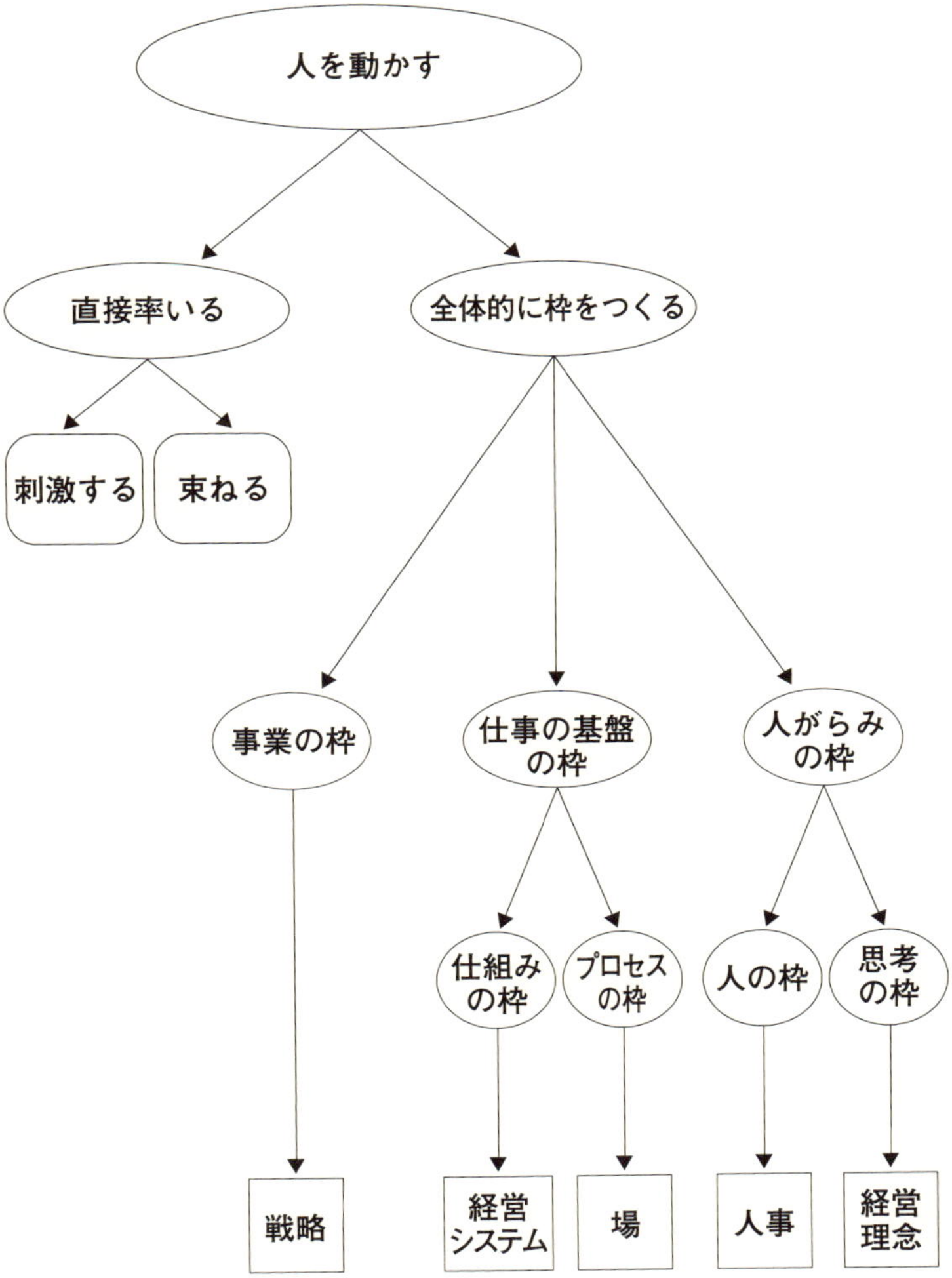

人々を間接的に動かすことが、自分が責任をもつ組織のマクロマネジメントとして必要とされている。図の右部分である。

もちろん、右部分の五つの枠作りのすべてが等しくつねに重要となるとは限らない。自分の立場と組織のおかれた状況次第で、重要性の濃淡は変わるだろう。戦略がもっとも肝心である組織もある。戦略はすでに決まっていて、経営システムに問題がある組織もある。あるいは、人事がカギになる組織もあるだろう。社長になれば経営理念にもっとも力を入れたいと思うかもしれない。あるいは、人々のヨコの相互作用の場をつくることに腐心する経営者もいるだろう。

多くの場合、組織の階層が下がり、マネジメントとしての職位が現場に近ければ近いほど、左側の「直接率いる」の比重が高くなり、右側の間接マネジメントでも、場や経営システムの比重が高まるだろう。戦略や理念はさらに上位の階層から決められてくるのがふつうだからである。しかし、課長でも、戦略があり得、経営システムも、場も、人事も、時には理念すらも、裁量の余地と重要性がともに大きいことがあり得る。

濃淡のバリエーションはさまざまにあっていい。しかし、そのバリエーションを考える基礎的な思考の枠組みが、この図で示されている。

ミクロとマクロの壁

図の左をミクロマネジメント、右部分はマクロマネジメントと呼ぶことができるのだが、ミクロとマクロの間には壁があることを意識しておいたほうがいい。

組織の中の中間管理職の場合、ミクロマネジメントが中心になることはたしかであろう。右側の五つの設計変数の多くについて、自由裁量の余地は小さいからである。より大きな組織の単位のレベルで、自分の担当する部署の戦略や経営システムはすでに大枠が決められていることが多い。ましてや、人事や経営理念についてはは所与になっていることがほとんどであろう。

したがって、多くの経営者候補生が組織の階層を上がっていくに従って、ミクロだけのマネジメントからマクロマネジメント中心のマネジメントへと転換を求められることになる。その転換に、案外バカにならない壁があるのである。

壁は二つある。

一つは、ミクロ中心でマクロが多少ある程度の状況（たとえば課長を思い浮かべればいい）と、ほとんどマクロだけ（たとえば、大きな多角化企業の社長）の状況では、経営をする人間が経営しようとして押せるボタンの種類や質がまったく異なることである。

組織の下位のマネジャーが押せるボタンは小さいし、人間の刺激や束ねのためのボタンであることが多い。最上位の階層になれば、個々の人間を直接刺激することでマネジメントすることなど、到底不可能になる。相手の数が多すぎる。したがって、経営システムというボタンなどが中心のボタンになったりする。それも、大きな組織構造の変革などという大きなボタンである。

その違いを十分認識しないで、自分のこれまでの経験則の範囲で押すべきボタンを探すと、小さなボタンを押してしまうことになりやすい。一つのボタンを押してその成果を得るためには、どんなボタンでもある程度のエネルギーをその人に必要とする。しかし、小さなボタンを押せば、小さな成果しか出ない。組織の上にいけばいくほど、それではエネルギー効率が悪すぎる。ポイントを外していることになる。

つまり、自分の立場で押すべきボタンについて、認識の壁が生まれやすいのである。

ミクロとマクロの間の第二の壁は、経験と習得の壁である。ミクロマネジメントの経験をいくら積んでも、必ずしもそれだけではマクロマネジメントのための準備としては不十分なのである。もちろん、ミクロもできない人間にマクロはできないというのは確かであろう。しかし、ミクロの経験はマクロの能力の必要条件にはなっても十分条件ではない。さらには、ミクロの経験に頼りすぎて、マクロの目がもちにくいという逆機能すら生まれかねない。

軍隊の例で言えば、連隊長のベテランにすぐに大きな師団長が務まるとは言えない。統率の範囲、指揮する人間集団の規模、行動の範囲、すべてのスケールが違う。企業の例で言えば、営業所長が立派に務まった人間が会社全体の営業部門全体を預かる立場にすぐにはなれないだろう。同じことである。あるいは、一つの事業の事業部長として優秀だった経営者が大企業の社長としては問題となることもしばしばある。

すべて、マクロの立場になったとき、ミクロの眼しかもてないことから、壁が生まれてくる。

ミクロの眼にさらに大きなマクロの「枠づくり」の目と見識がないと、マクロマネジメントはできないのである。

それは、馬車をいくらつなげても、鉄道というイノベーションにはならないのと似ている。不連続なジャンプがミクロとマクロの間にはあるのである。

その不連続のジャンプのありようを意識するためにも、あるいは現場で働く立場でもマクロの設計の意図を理解しようとするためにも、経営をマクロで考えることの重要性は高い。

愚者は経験に学び、賢者は歴史に学ぶ、と古来言う。マクロの因果律は、マクロの経験を積んで学ぶだけではなく、他者の経験の歴史の集積から学ぶのも重要である。それが、経営学の一つの役割である。

以下この第4部では、経営学の知見として、戦略と経営システム、そして場についての論理の概要を解説する。もちろん、入門的な解説である。それぞれについてのもっとくわしい論理を知りたい読者は、私の書いた本であれば、『経営戦略の論理〈第三版〉』(日本経済新聞社、二〇〇三年)、『ゼミナール 経営学入門〈第三版〉』(加護野忠男との共著、日本経済新聞社、二〇〇三年)、『場の論理とマネジメント』(東洋経済新報社、二〇〇五年)を読んでいただきたい。

第13章 戦略とは何か

事業活動の基本設計図

企業の事業活動が付加価値あるいは利益という成果を生み出すかどうかは、市場との関係では二つの条件で決まる。まず第一に企業が提供する製品やサービスを顧客が選択してくれること。その選択があってはじめて、売上げが立つ。第二にその製品やサービスを顧客に提供するために市場から買ってくるインプットのコストが十分小さいこと。このコストを小さく抑えられれば、大きな付加価値が生まれ、人件費を分配しても利益が出る。

そうした事業活動を、企業は組織として多くの人々の協働作業として行なう。そうした組織内の協働作業の関係で言えば、事業活動が成功するためには二つの条件が必要になる。一つは、みんなが共通の方向を目指して動いて、協働が実現すること。第二に、そもそも個々の人々の活動や作業がきちんと効率よく行なわれるように組織に資源や能力が整っていること。
つまり、市場に目を向ければ、企業は市場の中で自社の事業活動を位置づけるための地図、あるいは設計図を必要とする。そして、組織の内部に目を向ければ、人々の協働作業のために、関係者が事業活動の設計図を共有していなければならない。一つの設計図に沿って、みんなが協働し、その設計図に資源や能力の整備まで描いてあってはじめて、現場での実行が可能となる。

したがって、市場へと外を向いて考えても、組織の中へと内を向いて考えても、事業活動の設計図をもつ必要が企業にはある。戦略とは、その基本設計図のことである。

つまり、「市場の中の組織の活動の長期的な基本設計図」、が戦略の定義である。この定義に登場する五つの言葉はすべて、いい戦略が備えるべき本質を含意している。

「市場の中の」という言葉は、戦略のよし悪しは、あくまで市場の中で判定されることを強調している。戦略は、顧客のニーズ、競争相手の動向、そうした市場の状況をしっかりにらんだ上での基本方針でなければならない。そして、いい戦略は結局顧客を勝ち取れる戦略である。顧客が戦略の最終審判なのである。

美しい言葉でかっこよく表現されていても、それだけでは戦略として何の意味もない。だが、案外それがまかり通る。

「組織の」という言葉は、戦略が人間集団を率いるための構想であることを含意している。

心も知恵も感情もある人間のベクトルを合わせ、奮い立たせられる力がなければならない。戦略は単に生命のないカネやモノの集団の設計図ではなく、生身の人間集団の活動の設計図なのである。

だから、戦略の内容を考えるときに、人間くさい配慮をし人々が燃え立つような内容をもつことに配慮することが重要となる。人を動かせるか、ということである。しかし、それが難しい。

「活動」という言葉は、戦略が実行可能なアクションの構想でなければならないことを含意している。戦略は市場の中での現実の活動の指針となるべきものである。実行可能なアクションがきちんと入っている、あるいは現場ですぐに行動を構想できるような基本方針でなければならない。また、活動が実行できるために必要であるはずの資源の裏づけがきちんとなされている必要がある。

カネもヒトも配分しないでおいて何かを達成せよと言うのは、単にスローガンにすぎない。たんなるかけ声、スローガンは戦略ではない。しかし、そんなスローガンが現実には多い。

「長期的」という言葉は、長い時間的視野を見すえた構想が必要であることを含意している。今何をして、それが将来にどうつながるかという長期的な絵がないと、不安で今の活動にも力が入らない。あるいは、将来のために、現在を犠牲にするような活動をしてまで蓄積をすべきときがある。その蓄積のプランがないと、短期的視野ではすぐに蓄積枯渇で事業活動が立ちゆかなくなる危険が大きい。

短期のその場しのぎの構想では、とてもいい戦略とは言えない。

「基本設計図」という言葉は、二つのことを含意している。

まず「基本」という言葉が使われているのは、大きな構想を語るのが戦略であって、ディテールを設計することではないことを意味する。細かな実施計画の詳細まで事前に設計することなど、できない。そうした詳細は現実の動きに合わせて柔軟に決めていくべきものである。しかし、その現実の柔軟な対応のための基本方針としての基本設計図は必要である。

さらに、設計するということは「こうなりたい」という意図や夢を込めた構想をすることを意味している。戦略はたんなる予測であってはならない。あるいは、現状延長の成り行きの構図でもまずい。「こうなりたい」という意思や構想、そしてそうなるためのシナリオ、その両方が揃ってはじめて設計図になる。

たんなる成り行きの予測だけでは、いい戦略には到底ならない。自分たちはどういう企業になりたいか。どんな事業活動をしたいのか。それを語るのが戦略という構想である。

ありたい姿と変革のシナリオ

ではその設計図には、何が書かれていなければならないか。

具体的な内容はもちろん、企業によって、状況によって異なる部分が大半だろう。しかし、二つの事柄についての設計がきちんと行なわれていることが、いい戦略には必須である。

まず第一に、企業の将来の「ありたい姿」を事業像として描いたものが必要である。どんな製品をどんな市場に対して提供している企業になりたいのか。その市場での競争優位をきちんと獲得するために、何を武器として、どんな能力をもった企業になりたいのか。そうした「ありたい姿」の基本像である。

第二に、そうしたありたい姿に将来（たとえば五年後あるいは一〇年後）はなれるように、今からどんな行動を取ることが重要かを示す、変革のシナリオである。現在の企業の姿がありたい姿になっているということはほとんどあり得ない。何らかの変革が必要であろう。その変革のために、企業として何をしていくのか。その変革のシナリオが企業活動の基本設計図にはどうしても必要である。

もちろん、将来にいたるまでの変革の工程がびっしりと細かく指定されている必要はないし、そんな詳細工程を今つくれると考えるのは間違いである。戦略はあくまでも基本設計図なのである。行程を進むうちに、事前には予測できなかった環境の変化があるだろうし、自分たちの計画の進捗状況も変わるかもしれない。

しかし、行なわれるべき変革の大筋と、その変革のために具体的に第一歩をどのように歩み出すかは、出発時点で決める必要がある。戦略の中で描かれる必要がある。大筋が方向を決め、第一歩が最初の動きを決める。それが決まらなければ、明日から動き出せない。

つまり、戦略は「ありたい姿」と「変革のシナリオ」がワンセットで揃ったとき、はじめて事業活動の基本設計図としての最低要件を満たす。その二つが含まれていることが、戦略の定義そのものなのである。

この定義の中に、戦略を考える上で重要な要素をわざと入れていない。それは、「目標」である。

もちろん、将来のありたい事業の姿を構想する際には、どのような業績や成果を企業として達成したいか、という目標がなければならない。目標とは、たとえば世界シェア一位を目指す、といったようなものである。あるいは、過去五年間に発売された新製品の売上げの全体売上げの中の比率を五割とする、といったような目標である。世界シェア一位になるためには、アメリカ市場への展開をどんな製品を中心に行なうか、欧州での販売と生産の体制をどのようにすべきか、その企業活動の姿の基本的な設計図が戦略である。

つまり、ある設定された目標を達成するため事業活動の内容を描くのが「将来のありたい姿」である。目標とありたい姿は密接に関係している。しかし、戦略と目標は概念としては分けたほうがいい。目標を決めるとそれだけで戦略を決めたと錯覚する人が多いからである。その錯覚をさせないように、わざわざ戦略と目標を分けるという定義にしている。

目標だけなら、それはたんなるかけ声であり、スローガンに過ぎない。戦略という「事業活動の設計図」の内容としては、事業活動のありたい姿とそこに至る変革のシナリオが示される必要がある。たんなるかけ声では戦略にならない。

組織のレベルとさまざまな戦略

以上の戦略の定義の説明ではわかりやすいように一つの企業にとっての基本設計図というイメージで解説をしたが、じつは戦略という「基本設計図」は、すべての組織の長が自分の率いる組織の活動の長期構想としてもつべきものである。

企業の社長は企業全体の組織の長である。したがって、企業全体の活動の設計図としての戦略が社長レベルで必要となる。しかし、企業組織はその中にさらに小さな組織単位を含んでいる。たとえば、事業部である。その組織の長としての事業部長には、事業部全体の活動の設計図としての戦略が必要になるだろう。事業部がさらに製品ごとに分かれているような場合には、その製品ごとの担当の課長にも戦略があるだろう。

すべて、この章の定義通り、それぞれの担当の組織に関する活動の設計図が必要なのである。社長のレベルでの全社の戦略を、企業戦略と呼ぶ。複数の事業の間の資源配分や共通の能力基盤を決め、さらには新しい事業を育てるための資源配分や能力育成の設計図、という戦略である。選択と集中、そして事業全体の組み合わせの妙を出すことが企業戦略のカギとなることが多いだろう。

たとえば、松下電器はオーディオビジュアル（AV）事業をはじめ、白物家電事業があり、パソコン事業や産業機器事業も行なっているし、半導体事業や電池事業という電子部品分野でも事業を行なっている。それぞれの事業ごとに、競争相手も顧客層も違うのがふつうである。そうしたじつに多様な事業それぞれの戦略は事業部長が立てる。しかし、複数の事業の間の資源配分をどうするのか、松下としての全体の方向性をどのように出していくのか。それが企業戦略である。

一つの事業を担当する事業部長レベルの戦略を、事業戦略という。事業戦略の焦点はその事業での競争にあるので、競争戦略と呼ぶこともある。その事業での市場競争にうち勝つために、顧客にアピールし、競争相手との優位性や違いをつくるための設計図としての戦略である。

たとえば、松下電器のＡＶ事業の責任者は、ソニーや三星電子などのＡＶ機器メーカーを主な競争相手としてその分野全体の事業活動を、顧客にアピールし競争上有利な方向へ引っ張っていくための戦略を考える必要がある。

二つの戦略は、その内容やカギがかなり違う。企業戦略は事業間の資源配分がカギ、事業戦略は市場対応行動のプランがカギとなる。設計図を書くべき項目がかなり違う。だから、事業戦略をただ集めれば企業戦略になるわけではない。しかし、そんな現実例が多すぎる。それは、事業責任者をやれる人は案外いるけれど社長が務まる人が少ない、という経営陣の人材的偏りとつながっている。

戦術という言葉が戦略とよく対比される。戦略を実行するための細かな活動計画が戦術であるが、二つの言葉は、組織のレベルにからめて理解するとわかりやすくなる。

戦略は一つの組織の長にとって全体の経営のための構想である。その組織の中の下部組織単位があるとき、その長にもまたその人なりの戦略がある。しかし、上部組織の長の立場からすれば、下部組織の構想は自分の戦略の実行のための構想である。だから、それは上部組織の長にとっては戦術と呼ぶべきものである。つまり、下部組織の長の戦略という一つの構想は、その人にとっては戦略、上から見れば戦術、と二つの言葉で呼び得ることになる。

戦術ばかりで戦略なし、という企業が案外多い。それは、現場の戦略はあるが、事業全体、企業全体の戦略がまっとうにつくられていない企業である。

三つの落とし穴

この章では、戦略の定義を述べた。次章からは、戦略の内容についてより具体的に三章にわたって述べていくが、その前に、多くの戦略設計で起きがちな三つの落とし穴を戦略の定義に関連させて述べておこう。

まず第一に、夢とデータの間のバランスの落とし穴について。

戦略とは構想である、と強調した。構想とは、「こうありたい」という意思である。夢という言い方もできるだろう。すでに現実になっていることではない。そのはずなのに、夢とデータのせめぎ合いが始まる。構想が「正しいかどうか」という議論がついついされるようになるのである。

本来は、「ありたい」ことは意思であり、それは正しいかどうかが問題というより、本当にみんながそれを目指せると思えるか、が問題なはずである。そもそも、「正しいかどうか」という議論はポイントを外れているのである。もちろん、「こうなりたいと思うことの実現可能性はどのくらいか」という問いは、あってもいいだろう。しかし、実現可能性の議論に決着をつけるために、ついついデータの証拠を求めるようになる。ここから落とし穴が生まれる。

データというものは、現在の現実や過去の現実に根ざしたものである。だからこそ「データ」として存在する。そういうデータで検証可能な証拠がある構想とは、その内容自体がすでに起きている現実に近いことになってしまう。したがって、データで実現可能性をチェックすることは、ややもすると「過去の延長線の範囲で実現可能性が肯定できるか」と問うていることになる。それで肯定されるような戦略に大きな成果が期待できるだろうか。すでに誰か似たようなことをやっているのだ。

そして、データによる最悪の検証は、「すでに誰かが似たような戦略を行なっているか」という検証である。横並び戦略が横行する原因となってしまう。つまらない戦略ができること請け合いである。

第二の落とし穴は、ボトムアップの落とし穴である。

現場主義が大切だから、戦略もぜひ現場の声を色濃く反映しよう、だから彼らにつくっててもらおう、というような声をよく聞く。一見、もっともらしく聞こえる。しかし、それはしばしば間違っている。実行は現場なのだから戦略作成も現場で、と思い込んでいる。

戦略は、一つの組織体を率いるものである。組織体を三角形にたとえれば、三角形の頂点のところでつくるべきものである。実行部隊の最前線の状況を考慮して、しかし設計するのは頂点の役割である。

ボトムアップの戦略作成はあり得ない。アイデアの源泉の一つがボトムアップにあることは望ましいのは当然であるが、戦略の最終設計作業はあくまで頂点部分の仕事である。だからこそ、組織の長の見識・哲学が問われている。あちこちのボトムから上がってくるアイデアの（単純）集計で戦略をつくるのでは、いい戦略はできないだろう。

最前線は、現実をたしかに彼らなりの視野でよく知っている。しかし、それだけに視野が狭い危険がある。また、人間はやっかいなものである。現実を知りすぎれば、拘泥する。しかし、現実を知らなさすぎれば、実行可能な戦略はできない。そのバランスをどう取るか。戦略の大きな設計図はトップの責任でつくり、その詳細設計は現場に任せる。基本的にはこれしかない。

最後の落とし穴は、成り行きの第一歩という落とし穴である。

変革への第一歩の踏み出しは、エネルギーがいる。往々にして静から動への動き、あるいは方向舵の大回転になることが多いからである。現状のしがらみからの踏み出しなのである。さらに、「具体的な」第一歩としてどんな方策があるかの知恵は、現場のディテールをよく熟知していないと出てこない。

多くのよくできているように見える戦略が不思議と失敗するのは、この「第一歩」の踏み出しを間違えたからであることが多い。したがって、成り行き任せにはすべきでない。成り行き任せにすれば、「第一歩」に現場の知恵がどうしても必要なだけに、現場任せ、ということになりやすい。そこで、摩擦の少ない「第一歩」についなりがちになる。きしみを乗り越える決断は、現場に任されただけではなかなかできにくいからである。

この「第一歩」の設計は、現場の知恵を十分に汲み上げることを一方で配慮しながら、しかし組織の長自らが責任をもって行なうことがどうしても必要である。戦略全体の基本設計だけでなく、「第一歩」の詳細設計にも組織の長がからまなくてはならない。

先ほど、現場の実行計画の詳細設計は現場で、と書いた。しかし、「第一歩」の設計（あるいはその最終承認）はその例外である。そこが、微妙なところである。

第14章
競争優位の戦略

四つの顧客価値、四つの差別化の武器

事業戦略とは、ある事業での企業の市場対応行動の基本設計図である。その事業での市場競争にうち勝つために、顧客にアピールし、競争相手との優位性や違いをつくるための設計図としての戦略である。

事業戦略のカギは、二つの勝利を同時に勝ち取ることである。一つは、競争相手との間の比較優位性での勝利。第二に、顧客の心を引き寄せるという勝利。二つの勝利は必ずしも同じではない。競争相手との間には優位性をきちんとつくったけれど、それでも顧客の心はつなぎ止められず、売上げは上がらずじまい、ということがある。

第一の勝利、「競争相手に対して優位性を確立する」ことを中心に考えるのが、競争戦略で

ある。その主な手段は、競争の武器によって優位性をつくりだすことである。つまり、武器の差別化である。

その武器とは、顧客のニーズへ訴えるもの、顧客にとって価値となるものでなくてはならない。そうした顧客の価値への訴えかけを見事に短い表現で表して実行し、多くの顧客を勝ち取ったいい例が、牛丼の吉野家である。

吉野家のキャッチフレーズは「うまい、安い、早い」。この三つの「吉野家の価値」の要素のバランスを、微妙に変えるのが吉野家の戦略である。二〇〇一年に話題になった牛丼二八〇円という低価格戦略（四〇〇円から値下げ）は、この三つの要素のバランスを「うまい」四〇、「安い」三五、「早い」二五、とする戦略だったという。値下げ前は、それぞれ五〇、二〇、三〇、だったそうだ。

この三つの価値の要素は、牛丼だけでなく、一般的にすべての製品にとって顧客が価値を感じるもの、つまり顧客のニーズの要素のいい例になっている。それは、

● 製品そのもの（性能、品質、デザイン、付帯ソフトなど）
● サービス（アフターサービス、支払い条件、購入のしやすさなど）
● 価格

牛丼の場合、製品の性能とはうまさのことであり、価格とは安さのことであり、サービスとは早さのことである。

さらにこの三つの価値の要素に加えて、多くの製品では「ブランド」というものが顧客にとっての価値であることも多い。牛丼の場合でも、「吉野家の牛丼」は他の牛丼チェーンの牛丼とは違うと思う消費者も多く、「吉牛」という言葉すらあるそうである。つまり、吉野家というのはもはやブランドなのである。だから、牛丼の吉野家が二〇〇三年にＢＳＥ問題で米国産牛肉が輸入停止になり牛丼そのものが売れなくなったときに、すぐに豚丼などの別メニューの開発で業績の悪化を最小限に食い止められたのである。吉野家ブランドが牛丼のない店へ顧客を惹きつけた。

このように顧客の価値が四つの要素にまとめられると考えると、それに訴えるべき武器の差別化に四つのタイプがあることになる。

第一は、製品差別化。製品やサービスの機能や品質そのもので差をつくるのである。第二は、価格差別化。製品は似ていても、価格に違いを出す。同等の機能・品質を安い価格で提供するのである。第三に、サービス差別化。製品や価格は似たようなものでも、補助的なサービスで差をつける。納期、納入時の手伝い、アフターサービス、金融の付加、などさまざまなサービスがある。そして第四に、ブランド差別化。顧客の心にブランドを確立すれば、価格が高くても製品は似たようなものでも買ってくれる。

この四つの武器を組み合わせて競争優位の戦略を考えるとき、注意すべき点が三つある。

一つは、差別化戦略は価値の要素のバランスの戦略であるということである。顧客は四つの価値の要素のそれぞれに最低限の許容水準をもっている。どれか一つが優れていれば、他の要素は関係ないというわけではない。たとえば、価格に敏感な顧客も、製品の品質がある最低限のレベルを満たしていなければ、いくら安くしても買ってくれない。顧客のニーズは「束」なのである。その束への「全体バランスとしての対応」が必要である。たとえば「うまいが五〇」と決めて、かつ残りの五〇は他の要素に振り向けるよう企業内の努力と資源配分を考えることである。

第二の注意は、最適なバランスは時代と共に変わるということである。顧客の価値観自身が変化するかもしれない。新しいタイプの競争相手が登場するかもしれない。吉野家も、チェーンとして拡大し始めた頃は、「早い、うまい、安い」というバランスで、その後「安い」を最優先し始めた。その後、牛丼というジャンルの中では「うまい」を最優先する時代が来て、二〇〇一年の驚異的な値下げでふたたび、安いがクローズアップされる。世の中がデフレ傾向になっていって消費者の低価格志向が強くなってきたからである。ただし、このときでも「うまい」が四〇と最優先でありつづけた。吉野家のバランスの原点は変わっていない。

第三の注意は、武器の差別化のバランスを実際に具現化するためには、その武器をきちんと経済の論理にかなって（つまり利益が出るように）つくれるような体制を企業側が自分で用意しなければならない、ということである。そのための体制を「ビジネスシステム」という。吉野家は牛肉の輸入から調理器具の統一、店舗の設計にいたるまで、詳細なビジネスシステムをつくり上げたからこそ、四〇〇円から二八〇円への値下げ（価値の再設計）をしても利益は減らなかった。ビジネスシステムの戦略については、次章でよりくわしく述べる。

競争優位の源泉

差別化は、単に一時期の短い差別化であってはならない。競争相手が容易には追いつけないような、長期的に維持可能な差別化が望ましい。だから、単純な価格差別化はしばしば拙劣な戦略である。価格を下げるだけなら、競争相手も利益を犠牲にすればすぐに追いつける。もし価格差別化に訴えようとするなら、価格差が十分に大きくてしかも価格低下の背後に十分すぎるほどのコストダウン努力があるものでなければならない。吉野家の二八〇円牛丼はまさにそれであった。

長期的に維持可能な差別化をするためには、その武器をきちんと準備するための資源の投入がなければならない。競争優位の源泉は、資源投入にある。

そのときの考え方としては、大別して二つある。一つは競争相手がもっていなくて自分がすでにもっているような資源・能力を徹底的に利用するという考え方。第二の考え方は、もっている資源は似ていても、それをどこに集中させるかという配分のパターンで差をつくる考え方。いずれも、最終的には武器づくりに投入される資源が違ってくることによって競争相手との差が生まれてくる。

第一の考え方の例は、他分野で蓄積した技術の転用、ブランドや流通網の利用、あるいは自社の余剰な資源の利用（たとえば遊休設備）などである。

第二の考え方は、資源の集中のパターンで競争相手との差をつくることである。たとえば、価格差別化を武器にしようと思ったら、そのための資源投入を競争相手よりうんと集中的にやることである。製品開発も大事、流通網も大事なのは確かだが、あえて他を多少は犠牲にしてもコスト競争力をつけるために資源を集中するのである。大設備投資がその典型例であろう。たとえば、韓国の三星電子は一九九〇年代の半ばにＤＲＡＭの分野で続々と超大型の設備投資をして、圧倒的なコスト優位を築き、それまで世界のトップを走っていた日本メーカーを駆逐してしまった。

一つの技術への資源集中によって、さまざまな事業での製品差別化の武器の源泉を手に入れるという効率的な武器のつくり方もある。シャープの液晶技術への集中がその好例である。

シャープの液晶事業は、そもそもは電卓の表示装置としての液晶の内製から始まった。この技術の将来性に賭けたシャープは、一九八〇年頃には全社売上の五％にも満たない売上げであった液晶事業に次々と研究開発投資、設備投資をしていく。資源を集中させたのである。その液晶は、電卓などの表示用、液晶つきビデオカメラの表示用、パソコンのモニター、と電子部品事業として発展し、さらには液晶テレビとなって花を咲かせた。

差別化は、競争相手と差をつけることだが、「相手と似たことをよりよくやらねばならない」

という面だけではない。もう一つ「競争相手とは違った特徴をもつ生き物にし、違った場所に住む」という面もある。つまり、厳密な意味での競争をしないようにするための「すみ分け」を考えることである。訴える市場のセグメントを競争相手と違えるということは、そこでは競争状態が少ないようにすることに他ならない。画期的な製品を出すことは、しばしば新しい市場の創造につながる。つまり、競合のない市場の創造者になることである。

違う場所に住むためには、それなりの資源投入をしなければならない。比喩的に言えば、まず土地を買い、家を建てる必要がある。つまり、「似たことをよりよく」という差別化にせよ、「違う場所に住む」という差別化にせよ、それを実現するための戦略には必ず資源集中のパターンを競争相手と異なるものとするというポイントがあることを忘れてはならない。資源配分を考えない戦略は、絵に描いた餅である。

絞り込みと波及効果

競争優位の戦略は、しばしば戦略の焦点（たとえばターゲット市場）の絞り込みと資源の集中を必要とする。絞り込んで、その狭いところに資源を集中するから、その集中のおかげで集中の結果で生み出される武器が有効となり、差別化が可能となるのである。

ただし、絞り込みには「狭さ」の限界がつきまとう、という懸念がある。「二兎を追う者は一兎をも得ず」とは言っても、狙う「一兎」が小さすぎはしないかということであろう。しかしじつは、「一兎を徹底して追うものは結果的には二兎を得る」というのが、多くの成功した戦略のパターンになっている。

その理由は、絞り込みが「狭いながらも」成功を生み出し、その最初の成功からさまざまな波及効果が生まれて、それが次の成功へとつながっていくからである。集中によって一つ突破口が開かれれば、集中をしなかった分野の活動にもプラスの波及効果が及び、その後の展開はよほど楽になる。絞り込みから拡がりが生まれる、とでも表現すべき、一種逆説的な現象である。

一つの製品のヒットが企業の信頼をつくって、次の製品の需要につながる。一つの製品分野で得た技術が次の事業展開に役立つ。絞り込んだ市場セグメントでの成功が、他のセグメントの需要を喚起する、設備投資のタイミングのよさがフル操業を可能にし、それが資金負担を軽くしてさらに投資できるようになる。新戦略の初期の小さな成功が組織に自信を与える。

集中あるいは絞り込みが、「狭さ」というデメリットだけをもつのではない。集中や絞り込みを行なうからこそ、成功が生まれ波及効果が生まれ、究極的には大きなメリットが出るのである。波及効果をうまくつかった戦略は、テコが利いている。小さな力で重いものをもち上げられるテコの原理と同じで、小さな資源の投入で波及効果の連鎖反応が起こせれば、大きな経済効果が期待できるのである。

波及効果は、当然それがつくりだす「組織の勢い」をも含めるべきである。小さな成功が自信を生み、それが人々を奮い立たせる。組織の勢いが出る。勢いのある組織と勢いのない組織では、まったく同じ事業の設計図をもっていても、成果は大きく違うだろう。現場の行動は、すべて生身の人間が行なうからである。その人たちが、少しずつ元気よく仕事をすれば、その成果は大きい。

組織の勢いもまた、競争優位の大きな源泉である。それで、顧客との現場の接点で実際に差別化がどの程度起きるかが変わってくる。したがって、小さな成功を埋め込み、組織の勢いをつくりだすような戦略が必要となることが多いのである。

「できる」と「優位」の違い

差別化の武器をきちんとつくる必要がある、と書くと誰しも納得する。では、差別化の武器を挙げてくれと多くの企業の方に問いかけてみると、最初は、自分たちはこれだけのことが「できる」というものが武器として挙がってくる。しかし、本当に競争相手と明らかに差があるものは何か、と突き詰めて問いかけると、あまり多くの武器が残らないことがしばしばである。それでは、「できる」という思い込みで、じつはそれほど競争優位をつくれないことを空しくやっていることになる。「できる」と「優位」とは違うのである。

なぜその違いに気がつきにくいかを考えてみると、三つ理由がありそうだ。

第一に、「明らかな」差がなければ、顧客の目を大きく自社の方へ向けることはできないということを忘れがちである。無理もない。差別化をするのは競争の激しい市場では大変である。少しの差をつけるのにも努力がいる。その努力を考えると、「できる」ことは「優位」につながると思いたくなる。しかも、自分たちのもっている能力は少しでも意味があると思いたい。だが、顧客に本当にアピールできるためには、「明らかな差」でないとだめなのである。顧客の判断能力の限界をしっかり知る必要がある。

この誤りは、「企業勝手のちまちました差別化」の落とし穴、と言えるだろう。

第二の理由は、優位かどうかの最終判断者が顧客であることを、つい忘れている。専門家の立場ではこれだけの差が「明らかにある」と思えても、それが顧客が望むような差でなければ、競争優位の源泉としては意味がない。いくら技術的にはすばらしい製品差別化だと開発技術者には思えても、顧客のニーズのポイントをついたような製品差別化でなければ、顧客には評価してもらえないのである。これもまた、差別化に必要な努力の大きさについ目を奪われて、「できる」ことを「優位」と錯覚している例である。

この誤りは、「売り手本位の見当違いの差別化」の落とし穴、と言えるだろう。

「できる」と「優位」を混同する第三の理由は、皮肉なことに、競争優位を考えるあまりに競争相手の動きにばかり注意を払い、肝心の顧客のことを忘れてしまうことである。真の「優位」とは顧客の心をつかむ優位なのに、競争相手との差別化が「できる」ことに注意がいきすぎる。いわば、競争に振り回されてついつい顧客のニーズ本位の考え方ができにくくなるのである。

市場には顧客と競争相手と、両方いる。本来のターゲットは顧客という恋人なのだが、それを勝ち取るために競争相手の上をいこうとばかり懸命になり、結局は恋人のことを一瞬忘れてしまう。したがって、ライバルには勝っても、恋人はこちらのほうを向いてくれない。

たとえば、キリンビールの荒蒔康一郎社長（当時）は、「競争相手に煽られるな」と言って、顧客本位というメーカーとしてはごく当たり前の考えをあえて前面に打ち出す、新キリン宣言を内外に発表したことがある。

「（これまでは）他社との競争が前面に出すぎていたような気がします。エネルギーの矛先を競争相手に向けすぎた。……例えば、新製品の売り出し方です。他社がキャンペーンをやれば当社もやる、ビール券つきの商品を売り出せば、当社も売り出すというように、必死になって売る条件を他社に揃えていました。……（それらは）莫大な費用がかかる割には、失ったものの方が多かったと思います。」（『日経ビジネス』二〇〇二年六月二四日号）

この誤りは、「競争相手だけを見た差別化」の落とし穴、と言えるだろう。

第15章 ビジネスシステムの戦略

差別化実現のためのビジネスシステム

競争戦略で自分たちの差別化の武器（とそのバランス）を適切に選択する必要があるが、しかし、その決定だけでは事業戦略の設計図の出発点を描いただけである。その差別化を、実際に顧客に製品を届けるその接点で実現しなければ、顧客は満足をしない。意図した差別化を現実のものとするためには、武器が実際にきちんと機能するように仕事の仕組みを工夫する必要がある。その仕組みが、ビジネスシステムである。定義をすれば、ビジネスシステムとは「顧客を終着点としてそこに製品を届けるまでに企業が行なう仕事の仕組み」である。

顧客を終着点とするとは、本当に顧客が製品を使う時点が最後の審判のときであるということである。吉野家の例で言えば、顧客が牛丼を口に入れるその時点である。顧客が実際に食べる時点で、うまい、安い、早い、と感じてもらわなければ、差別化の意図は実現できていない。吉野家がそういうキャッチフレーズをつくれれば、顧客がそう思ってくれるわけではない。吉野家の意図を実現できるように実際の仕事がきちんとなされなければならない。そのための仕事の仕組みの基本設計図が、ビジネスシステムである。

吉野家を例に取れば、顧客が店頭で牛丼を口にするまでには、じつにさまざまな仕事がきちんとなされなければならない。牛肉をはじめとするさまざまな食材をまず買う必要がある。店舗をきちんと用意し、しかも早くサービスできるような厨房やカウンターの設計をしなければならない。食材をどの程度料理して、どの程度店舗で調理するかを決め、調理システムをつくる必要がある。店舗内の細かな仕事のステップやサービス分担をどうするか、フランチャイズの店舗には本部から何を供給するのか（実際には、店員を含めてほとんどが本部からの供給である）。

じつに細かなシステムが必要となる。その全体が、ビジネスシステムの設計である。

これを典型的なメーカーの例で考えれば、顧客を終着点とする仕事の流れは、研究開発に始まり、製品設計、原材料や部品の調達、生産活動そのもの、検査、流通、そしてアフターサービスと、源流から顧客への接点の川下へとさまざまな仕事の流れがある。この流れ全体をバリューチェーンと言ったりする。

この流れの中で、ビジネスシステムの設計とは、基本的には次の三つの事柄の決定である。

(1)どんな業務を自分が行なうか、何を他人に任せるか（他者との分業のあり方）
(2)自分で行なうことを、どのように行なうか（企業内の仕事の細かな仕組みシステム）
(3)他人に任せることを、どうコントロールするか（分業した業務のコントロール）

吉野家のビジネスシステムは、他者との分業のあり方についてては、牛肉というメインの食材についてては買いつけを自分たちの責任で行ない、他の食材は基本的に外部購入である。しかし、調理から店舗での実際の牛丼のサービスまで、ほとんどの業務を自分で行なうという設計になっている。自社内の仕事の仕組みについても、じつに詳細なビジネスシステムがある。他者に任せた仕事のコントロールの例は、食材の外部供給業者との連携での微妙なコントロールやフランチャイズ店との関係のつくり方がその例である。

多くのメーカーにとって他者との分業のあり方のいい例は、流通を直販で行なうかどうか、ということである。メーカーの場合、小売り業務は専門の小売商に任せるのが通常である。ただし、卸売り業務は自社販社が取り扱うという戦略もしばしば見られる。花王がそのいい例である。

小売りを他者に任せたとしても、そのコントロールの仕方（ビジネスシステムの第三の決定）は同じ業界でも企業によって設計が違うことが多い。たとえば、松下電器産業はナショナルショップと呼ばれる自社専門の小売店を組織している。それが大型量販店全盛の時代になるまでは、松下電器にとってサービス差別化のための重要な武器となった。その小売店はたしかに

「他者」ではあるが、松下の強いコントロールのもとにある「他者」である。他方、ソニーはそうした強い自社チェーンはもっていない。製品差別化を主な武器としたので、その必要は小さかったのであろう。

部品や設備の内製についても、企業によって戦略はさまざまである。部品の内製化によって、製品差別化の武器を競争相手に真似されないようにしている企業は多い。他方、ファブレス企業といって、自社は製品の企画と設計に注力し、生産はすべて外部、販売も大半が外部、というビジネスシステム戦略があり得る。あるいは、松下による小売店の系列化戦略と同じように、部品についても系列企業を組織するという戦略が取られることが日本では多い。他者に任せながら、しかし系列化することによってコントロールもする、という内製と外部購入の間の中間を狙った、ビジネスシステム戦略である。

ビジネスシステム戦略が大切なのは、何よりもそれが差別化を実現できるかどうかを左右するからである。つまり、差別化の武器の決定はある意味で誰でもできるが、その武器を経済的な採算を取りながら実現するためのシステムつくりは、誰にでもできることではない。そこで、真の競争優位の差がつくのである。

このようなビジネスシステムの競争優位は、競争相手が真似ることのできないものであったり、真似るには時間がかかるものであることが多い。そのために、ビジネスシステムの優位は長期にわたって持続することが多い。

その理由はビジネスシステムがじつは詳細なディテールからなっている上に、あまり目立たないことが多いからである。外部に見えるのは、製品であり、サービスであり、価格である。その上、仮に見えたとしても、詳細なディテールのすべてを真似するのは大変な作業である。だから、真似が難しいのである。

学習の仕組みとしてのビジネスシステム

ビジネスシステムは、差別化実現と関連しながら、もう一つの意義をもっている。それは、働く人々の学習の仕組みとしての意義である。

ビジネスシステムは、企業の人々がどんな仕事をどのように行なうか（そして他者に何をやってもらうか）を決めている。つまり、人々の行なう仕事の内容を決めている。そして、人々は仕事の現場で、観察をし、情報を流し、そして学習をしている。仕事を行なう人間は単に物理的に仕事をこなしているだけではなく、仕事の現場で学習をする存在なのである。だから、仕事の内容が変われば、学習の内容も変わる。したがって、ビジネスシステムのありようが学習の仕組みとして意義をもち得るのである。

学習の意義には、二つのタイプがあり得る。一つは、ビジネスシステムを通して、さまざまな情報が流れ、その結果、機敏な市場対応が可能になる、という意義である。情報が流れるという学習活動を、企業全体で行なっている、と表現してもいい。そのいい例が、流通の直販化によって市場情報がスピーディにかつ雑音も少なくて手に入る、という例である。他人の手を情報が通らないメリットなのである。

学習の意義の第二のタイプは、仕事をすることによって知識が蓄積され、その結果、将来の事業活動の発展のための原資になるような能力蓄積が可能になる、という意義である。つまり、「learning by doing」である。そのいい例が、部品の内製化によって、その部品の技術が手に入り、その事業の展開のための能力が蓄積されていく、といった例である。

第一のタイプは、ビジネスシステムを情報が流れること自体が意義を生み出す。第二のタイプでは、情報が蓄積され、そのストックが能力となることによって意義が生まれている。

こうした情報の流れと能力蓄積という意義は、ビジネスシステムの決定のうちの第一（分業の仕方）から生まれるだけではない。第二、第三の決定のありようで学習効果も微妙に変わる。

企業内部の仕事の仕組みを変えると情報の流れが変わるいい例が、警備保障ビジネスである。昔は警備保障事業は、警備員を派遣するという仕事の仕組みだった。それをセコムは、顧客先には異常通報装置をつけてコンピュータ管理し、異常発生のときだけ警備員が急派される、という仕事の仕組みに変えた。すると、異常発生の通報という、仕事のために起きる当たり前の情報の流れが発生する。そして、その通報履歴は蓄積されていく。それは異常発生現場のくわしい実態についての情報の収集システムを「仕事遂行の副次効果」としてもったことに等しい。だからセコムは、どんなタイプの異常がいつ起きやすいか、泥棒はどのように通報装置を避けようとするのか、等々の情報を手に入れていることになる。

ビジネスシステムは、自分が情報を手に入れ、学習するための仕組みでもあるが、同時に他者に情報を流さない、学習させないための仕組みとしても機能する。

たとえば、部品の開発生産を部品メーカーに任せてしまうと、その他者がその部品についての学習をすることになる。そして自分はその部品に込められた技術の学習ができなくなる。仮に外部の部品メーカーと共同開発をしようとすれば、その部品に盛り込まれるノウハウは外部のメーカーに流出することになる。こうした情報の外部流出がいやで、最近は技術のブラックボックス化といって、部品や生産設備の内製はもちろん、製品をリバースエンジニアリングしても技術のノウハウがわからないような仕事の仕組みを企業は考えたがるのである。それも、他者に学習させない仕組みとしてのビジネスシステムの戦略の一例である。

こうしたビジネスシステムの学習効果の本質は、じつに当たり前のことである。ある業務を自分が行なえば、その業務に付随して発生する情報の流れは、自分のものになり、自分が学習できる。他人にその仕事を任せてしまうと、他人が学習をして、自分のところには蓄積が残らない。だから、仕事の仕組み全体の中でどのような情報がどこで流れるかを真剣に考える必要がある。そして、情報が豊かに流れる仕事は自分で行なう。つまり、大切な情報の流れは自らの手のうちでコントロールする、それが大原則なのである。

ビジネスモデル＝収益モデル＋ビジネスシステム

ビジネスシステムという言葉とよく似た言葉として、ビジネスモデルという言葉がある。この二つの言葉の関係は、この項のタイトルになっているような関係で理解すればいい。つまり、新しいビジネスモデルとは、ビジネスシステムの新しい工夫と収益モデルの新しい工夫、そのいずれかあるいは両方の工夫のことを指すのである。

収益モデルの工夫とは、誰からどのようなお金のもらい方を工夫するかという売上げ面での工夫と、誰に何を払わずに済ますかというコスト面の工夫と、二つあり得るだろう。

たとえば、任天堂はそのファミコンを普及させる段階で、ハードであるファミコン本体はきわめて低価格にして普及させ、そのハードを使うためのソフトを高価格にしてソフトで儲ける、という収益モデルの工夫をした。

プリンターもエレベーターも似ている。ハードを使用することから必然的に生まれる「消耗品」需要やメンテナンスなどのサービス需要で儲けようとする収益モデルがあり得るのである。プリンター本体は安いがインクは高い。エレベーターの保守管理サービスはかなりいい収入になる。

こうした収益モデルが成立するためには、じつはその背後にきちんとしたビジネスシステムの工夫が必要となる。たとえば、ファミコンビジネスであれば、ソフトできちんと儲けるためには、ソフトが売れて、かつその売上げの一部が自分の手に落ちるようなビジネスシステムをつくる必要がある。任天堂は、魅力あるソフトを揃えるためにソフトを自社開発とサードパーティ開発と、両方で行なった。つまり、自社も他者も行なう、という分業体制である。

他者にソフト開発を頼めば、当然ソフトを広く開発できるようになる。しかし、それに全面的に依存すると、ソフトの技術はなくなるし、他者のソフトの管理にも支障があるだろう。だから、自分も開発する。しかし、他者のつくるソフトの品質管理と価格管理をしたい。そのために、任天堂がソフトカートリッジそのものの生産をするという仕組みにした。つまり、店舗にならぶ最終ソフト製品の生産は任天堂しかできないという仕組みである。これでソフトの流通は完全に任天堂の手のうちに入る。さらに、ファミコンの読み取り装置で自社生産のソフトしか読み取れないようにプロテクトの工夫をした。これで無許可ソフトで値崩れすることが防げる。こうしたビジネスシステムのさまざまな工夫があってはじめて、「ソフトで儲ける」という収益モデルが成立したのである。

収益モデルの工夫はとくになくとも、ビジネスシステムの工夫で新しいビジネスモデルの開発に成功した例が、ユニクロである。日常衣類の小売り業者が中国での大量生産にまで実質的に乗り出し、原反調達から店舗での販売に至るまでほとんどを自社業務として行なうという緊密なビジネスシステムをつくって、在庫リスクを徹底的に減らした。その在庫と返品コストの削減が、ユニクロの価格差別化を支えている。そのシステムは、大量返品のムダに悩んでいたアパレル産業の新しいビジネスモデルとなった。

ビジネスシステムの落とし穴

ビジネスシステムの戦略を考える際に、落とし穴となりがちなことが三点ある。

一つは、ビジネスシステムに「差別化実現」と「学習」という二つの意義が同時にあることを忘れることである。とくに、学習の側面を忘れることが多い。

たとえば、それがアウトソーシングの決定で起きる。アウトソーシングが議論される際に、「コストダウンの効率化か利益の取り込みか」が最重要課題として意識されやすい。アウトソースすれば低コストでできるとか、自分でやればその仕事が生み出す利益は自分のものになる、というカネ勘定の視点である。

しかし、学習という仕組みという視点で見てみると、情報の流れの取り合い、学習の機会の確保、がもっとも大切である場合も十分にあることが理解できるであろう。その理解なしに、安易にアウトソースしてはならないのである。

第二の落とし穴は、分業の細かな線引きがじつに重要であることを見落とすことである。たとえば、部品の内製といっても、じつは多様なパターンがあり得る。全量内製から部分内製、設計だけを内製するか、半製品をつくってもらって最後の仕上げは自社で行なうか。設計といっても、どの段階まで自分で行ない、どこからは他者にやってもらうか。

それぞれのパターンごとに、自社の仕事の詳細が変わり、それによって流れる情報が変わり、そして学習の成果の取り込みが変わる。細かな線引きに、大きなカギが存在することが多い。

第三の落とし穴は、ビジネスシステムのオペレーション能力である。どんなに立派な差別化戦略を取っても、ビジネスシステムを動かせる能力がなければ、結果として差別化も実現しないし、学習も起きない。そのオペレーション能力がカギであることを忘れる。

吉野家が二〇〇一年夏に二八〇円牛丼戦略で大成功をする前の同年四月、じつは二五〇円牛丼をセールで売り出した。お客は殺到した。しかし、現場のオペレーションが追いつかなかった。そのために、品物がなくて閉店せざるを得ない店が続出した。吉野家はパンクしたのである。パンクは敗北感につながったという。顧客が殺到したのに敗北感があったというのは、自社のビジネスシステムがこの低価格戦略についていかなかったという敗北感である。吉野家が二八〇円牛丼でふたたび挑戦するまでには、昼夜兼行のビジネスシステムの徹底的改革があった。

第16章
企業戦略と資源・能力

企業戦略の三つの決定

第14章と第15章の議論は、事業戦略の中核について述べたものである。この章では、事業戦略ではなく、企業のトップレベルでの全社戦略である「企業戦略」について、述べていこう。

多くの企業戦略は大別して、二つの部分からなると考えていい。第一は事業構造の戦略、第二の部分は国際構造の戦略、つまり国際化戦略である。第一の部分は、わが社はどんな事業をするのかという戦略であり、第二の部分はその事業をどこの国で行なうかという戦略である。そして、事業構造の戦略は、さらに二つの部分に分けて考えるとわかりやすい。第一は企業ドメインの戦略で、第二は事業ポートフォリオの戦略である。

つまり、企業戦略とは企業ドメイン、事業ポートフォリオ、国際化という三つの決定が中心なのである。

企業ドメインとは、企業が事業活動を行なう領域のことである。「どんな領域でわれわれは生きていくか」。その基本方針が企業ドメインである。

たとえば、味の素という企業は、味の素という商品名のグルタミン酸ソーダ事業ばかりでなく、サラダ油や加工食品、あるいは飼料、医薬品、と多様な事業分野をもっている。飼料や医薬品事業の背後にはアミノ酸技術がある。売上げとしてはグルタミン酸ソーダも含めた食品分野が大きいのだが、味の素のドメインを「総合食品企業」と定義するのと、「アミノ酸企業」と定義するのでは、企業の方向性のイメージが大きく異なる。

企業ドメインの決定により、企業は二つのものを同時に決めることになる。一つが、多角化の広がりの程度とその方向性である。もう一つが、企業のアイデンティティ（基本的性格）である。どのようなアイデンティティをもつ事業領域を自社の活動分野として選ぶかで、「自分の会社は何を目指している会社か」が規定される。

事業ポートフォリオ戦略とは、「どのような事業を組み合わせて全体のうまみを出すか」という事業の組み合わせの妙を求める戦略である。ポートフォリオとは「組み合わされた束」と解釈すればいい。

このポートフォリオ戦略には二つのレベルの決定がある。一つは、事業の選択と集中である。選択とは、まずそもそもどんな個別事業を手がけるかという問題であり、集中とはそうして選択の意義ありと思われる事業の中でとくにどこに集中すべきかという濃淡の問題である。ともに、「どの個別事業を」という問題である。

事業ポートフォリオの決定の第二のレベルは、個別事業のよし悪しだけでなく、ポートフォリオ全体の特徴やバランスについて何を志向するかという決定で、まさに組み合わせの妙を求める決定である。もちろん、個々の事業が強ければそれでよく、関連や組み合わせなど考える必要がない場合もあり得るが、やはり組み合わせの妙を求めるほうが有効である。

国際化戦略とは、国境を越える事業活動の地理的なドメインの決定と言っていい。「自分たちはどこの国の市場を相手に、どこの国で生産活動などを行なっていくのか」という決定である。つまりは、販売、調達、生産、開発といった事業活動のさまざまな面で、その活動の場が国境を越えて外国に拡大することが国際化で、その基本方針が国際化戦略である。輸出中心か、生産基地も進出するか。グローバルにどの国でつくってどの国で売るか、中国やインドのポテンシャルとリスクをどのように考えて国際構造をつくるべきか。国際化戦略が考えるべき課題は多い。

企業戦略の三つの決定はいずれも、事業活動の広がりと方向性を決めている。ドメインは領域で、ポートフォリオは個々の事業とその組み合わせ方で、そして国際化は地理的な広がりで。どのような広がりと方向性が望ましいかは、基本的に企業が蓄積する資源や能力の有効利用と効率的蓄積という観点から決まるであろう。自分たちの能力や資源にふさわしいドメイン、ポートフォリオ、国際化の姿を求めるのが、企業戦略として望ましいのである。その望ましさの基本論理が、この章の関心事である。

戦略が資源を活かし、資源を生み出す

企業戦略は事業活動のさまざまな意味での「広がりと方向性」の基本設計図であるが、それが適切であるかどうかの最大の判断基準は、もちろん環境とのマッチングである。有望な市場、将来性ある技術、発展する国などへと企業戦略がきちんと対応していなければ、どんなに精緻な設計図でも、それが生み出す将来の成果は小さい。

適切さの第二の判断基準は、企業の資源・能力（以下、簡単に資源という）とのマッチングである。当然である。どんなに将来性の大きな事業でも、自社にその事業での差別化をきちんとやれる能力のない分野では、競争相手に負けるであろう。

この資源と戦略のマッチングの論理を考えるとき、二つの方向での論理を考える必要がある。第一に、「資源から戦略へ」という方向がある。つまり、資源を所与として（過去からの蓄積された資源を企業が保有しているとして）、それを有効に利用している企業戦略になっているか。言葉を換えれば、戦略が資源を活かしているか。

そして、戦略と資源のマッチングの第二の論理の方向は、「戦略から資源へ」という方向である。つまり、戦略が将来想定されている事業活動のための資源蓄積を効率的に行なえるよう

になっているか。言葉を換えれば、戦略が資源をうまく生み出せるか。

まず、第一の方向から。

戦略が既存の資源蓄積を有効に利用しているパターンには、主に二つがある。第一は、一つの事業の中での競争優位をつくるために。第二に、新事業への多角化のために。

競争優位をつくりだすための資源の有効利用については、差別化とそのためのビジネスシステムの設計のために、資源をいかに有効利用できるか、がポイントである。そのための具体論はさまざまにあり得るが、大切なのは資源との関係をきちんと考えて、資源の有効利用を思考の中心におくことである。

競争優位のための資源利用のパターンでとくに有効なのは、ある事業での資源蓄積を他の事業からの資源の転用とドッキングさせて、ダブルの資源の有効利用で大きな競争優位をつくるというパターンである。

たとえば、エプソンはインクジェットにプリンターの技術転換が起きる前のドットマトリックス技術のプリンターで、世界一のシェアをもっていた。そこへ、キヤノンのインクジェットプリンターが登場し、あっという間に市場をさらわれる。技術転換が起きたのである。それに対抗してエプソンはインクジェットでもキヤノンとは方式の違うプリンターの開発に成功して、瞬く間にシェアトップに返り咲く。その開発には、時計で培った精密金属加工技術などが不可欠だった。たとえば、インクを吹き出すヘッドの穴を空けるための技術である。

このケースでは、二重の意味で資源の有効利用が起きている。第一に、ドットマトリックス時代に培ったブランドや流通網がインクジェット戦略に有効利用されている。同じプリンター市場なのだから当然と言えば当然である。第二に、時計事業で培った精密金属加工技術がプリンター事業の生産技術に転用されて有効利用されている。こうしたダブルの有効利用が同時に起きるからこそ、戦略の成果はきわめて大きくなる。

戦略による資源の有効利用が起きる第二のパターンが、過去の事業が培ってくれた資源を活かしての事業の多角化である。企業が新事業に展開することを多角化というが、それが成功するケースではほぼ例外なく、既存事業が培った資源を新事業が利用するという形での資源の有効利用が起きている。それを既存事業と新規事業の間に相乗効果が起きているという。

それができないような新事業への多角化を落下傘型と言ったりするが、よく失敗する。その市場がいかに魅力的でも、そこでの競争優位を築けるだけの資源を企業がもっていなければ、多角化は成功しないのである。

次に、第二の方向「戦略から資源へ」について。

その基本論理は、戦略の内容が適切にできているおかげで、資源の蓄積がより効率的に促される、ということである。

「効率的な蓄積」とは、必要な資源を「低コスト」で、「スピーディに」、「必要な時機に」（つまり、タイミングよく）蓄積するということであろう。

戦略が資源の効率的な蓄積を促すパターンにはいろいろなものがあるが、その基本は三つである。

第一のパターンは、ある戦略の実行の結果、副次的に生みだされてくる資源が別な戦略のために何らかの意味で価値の高いものである、というパターン。「副次的」ということから、「低コスト」という効率性につながるのである。

たとえば、ホンダの海外展開は必ず二輪から始まり、四輪事業の展開に至る。それは、二輪事業が効率的に四輪事業に必要な資源を蓄積してくれるからである。つまり、二輪戦略がブランド、システム、人材といったソフトの資源を蓄積させ、さらにはハードの工場設備を整える。それは、二輪で成功しようとすれば必然的に必要になるのだが、その蓄積が将来の四輪戦略に大きな価値をもつのである。

戦略による効率的資源蓄積促進の第二のパターンは、戦略が指し示す企業の方向性が、企業内でさまざまな資源蓄積活動を行なっている人々に対して羅針盤を与えることによって、資源蓄積のベクトル合わせができ、それによってムダな資源蓄積努力が減り（低コスト）また類似の蓄積活動が相互刺激をして勢いが出る（スピーディになる）というパターン。たとえば、味の素が「自分たちはアミノ酸技術の企業」とドメイン設定をすれば、アミノ酸という焦点に向けて多くの人の行動が集約されやすくなり、資源蓄積が早くなる。

戦略と資源の不均衡ダイナミズム

戦略によって効率的資源蓄積が促進される第三のパターンは、多少は競争力を欠いた事業活動をあえて始めることによって、その事業活動をやることでしか蓄積できない資源が市場競争の圧力の中で効率的に蓄積する、というパターンである。いわば、無理を承知で将来のための事業を始めてしまう部分を企業の中につくるという、背伸びあるいはオーバーエクステンション戦略である。

たとえば、今日の競争力が部分的に不十分であることを承知の上で、あえて明日のために、弱い事業、弱い技術を事業活動の中に取り込んで実行を始めてしまう。あるいは、中国でビジネスをきちんと行なう実力はまだないが、この市場の将来性を考えて今から先行投資としてあえて中国進出を断行する、という戦略である。

もちろん、いつまでも資源にマッチしないでは困る。今は不足していても、事業活動から資源が生み出されてきて、それが将来は資源と戦略とのマッチングにつながらなければならない。したがって、短期的には戦略と資源を不均衡（資源より大きい戦略を取る）にすることによって長期的な均衡を狙うのである。それが、この節のタイトルとした「不均衡ダイナミズム」の意味である。

「カニはおのれの甲羅に似せて穴を掘る」ということわざがある。おのれの分限、能力に応じたことをやれ、という意味であろう。これを戦略に即して言えば、企業のもつ資源や能力に合わせた戦略を取れ、ということになろう。しかし、不均衡ダイナミズムの視点からすれば、このことわざは誤りである。

「カニの甲羅」理論が長期的な企業成長を考える場合にまずいのは、「成長」あるいは「変革」という観念が希薄だからである。成長しなくなったカニにとっては、おのれの甲羅に合わせた穴が一番快適だろう。しかし、成長したいカニにとっては、あまりに自分の体にぴったりした穴は自分の成長に枠をはめ阻害する要因になりかねない。逆に、穴のほうが自分の甲羅より大きければ、その穴に合うように成長しようとするバネが生まれようというものである。

なぜオーバーエクステンションが有効であり得るか。

オーバーエクステンションの結果、二つの効果が期待できる。一つは、組織の内部に創造的緊張が生まれ、そして蓄積されなければならない（つまり欠けている）資源が何であるかについての明確なシグナルが組織の人々に伝わることである。この効果を緊張・シグナル効果と呼ぼう。不均衡こそが努力へのバネになっている。これは、「競争の圧力のもとで事業活動を実際に行なう」ことから生まれてくる刺激である。

第二の効果は、実地学習効果（learning by doing）である。つまり、実際に事業活動のための日常的業務を行なうプロセスそのものが、その事業活動をうまく行なうのに必要な能力の学習プロセスになるという効果である。

前章でも強調したように、仕事の現場は学習の場でもある。ましてや競争の圧力のもとで、市場からのフィードバックをふんだんに受けながらの実地学習活動であれば、その質は高いであろう。

オーバーエクステンションが意味をもつのはしばしば、オーバーエクステンションした分野での資源蓄積の波及効果が、本体などにフィードバックされること、あるいは将来の発展の技術的源泉となる、といった二次効果があるからである。したがって、進出した事業での単独採算だけを厳しく言うのは、この戦略の場合、間違いであろう。

見えざる資産の重要性

事業戦略の差別化、企業戦略での資源の有効利用と効率的蓄積を、私は強調してきたが、こうしたそれぞれの戦略のカギを考える際に大切なのは、見えざる資産である。それは、技術、ノウハウ、信用、ブランド、システム力、などさまざまな目に見えない資産である。

差別化実現のために優れたビジネスシステムを整備する背後には、それをきちんとつくり、動かす技術やノウハウが必要である。企業戦略で資源が有効利用や効率的蓄積されるのは、見えざる資産が有効利用可能だからである。また、事業活動から見えざる資産が学習によって生み出されてくるからである。

その好例が、日本の宅配便市場を創造し、そしていまだに圧倒的なシェアを誇っているヤマト運輸である。ヤマトはビジネスとして成り立ちにくいと思われていた小口の宅配を経済の論理にあうようなきちんとした仕事のシステムを全国的につくり上げた。その要は荷物の集荷から配達までのネットワークをきめこまかく管理するシステム力と集荷と配達の両方を現場で担うセールスドライバーの質である。すべて「見えざる資産」の蓄積である。

さらに、荷物の追跡と管理のための膨大な情報システムが、新たな展開を可能とする。たとえば、代金引換便サービスを可能にするカネの決済業務をこの情報システムに載せるのはそれほど大きな飛躍ではない。

見えざる資産が戦略の背後できわめて重要である理由は二つある。一つには、見えざる資産が競争上の優位性の真の源泉だからである。見えざる資産は、カネを出しておいそれと買うわけにはいかない。自分で育てる必要がある。そして、自分で蓄積するには時間と手間がかかるものが圧倒的に多い。その時間と手間の部分が、競争相手との差をつくる源になっている。宅急便に例を取れば、トラックは誰でも買える。しかし、システムはおいそれとはつくれない。セールスドライバーの訓練も時間がかかる。

見えざる資産が重要である第二の理由は、それが変化対応力の源泉だからである。

変化とは、既存事業での競争条件や需要の変化もあるし、産業構造の変化もある。それらの変化へ対応して既存事業を革新しあるいは新事業を開拓していくために、見えざる資産が使われる。

電卓事業で蓄積した液晶技術を使って液晶ディスプレーや液晶テレビなど液晶技術を中心とする企業展開へと乗り出したシャープはその好例である。シャープが電卓用の液晶技術を他のディスプレーやビデオカメラに使っても、電卓での液晶技術がマイナスの影響を受けるわけではない。さらに、そこで培った高度な液晶技術があったからこそ、液晶テレビで成功した。見えざる資産は同時多重利用可能、つまりはただ乗り可能なのである。

見えざる資産は、見える人には見えて、見えない人には見えない。だからやっかいなのだが、そのやっかいさが戦略の優劣の大きな原因の一つになっている。

第17章 組織構造

たかが組織図、されど組織図

この章から、この本での経営の全体像の議論は、戦略から経営システムへと旋回する。第12章のマネジメントの全体像（153ページ）を見てほしい。戦略とは、事業の枠を設計することによって、人を動かす、あるいは人々を導く枠をつくることであった。この章と次の章の議論は、仕組みの枠をつくることによって人を動かすことがテーマになる。仕組みとは、経営システムのことである。組織構造と管理システムである。

戦略が組織全体としてどんな事業活動をするかの「事業の枠」を決めた後、それを実際に組織のみんなで実行するために、誰が何をするのかの分担関係と権限関係を具体的に決める必要がある。それを決めているのが、組織構造である。しかし、人間は役割が決まればその通りきちんと仕事をするわけではない。もちろんそういう人もいるだろうけれど、多くの人は「性善なれども、弱し」であろう。ついつい、易きに流れる。甘えが出る。あるいは、やりすぎるかもしれない。したがって、実際にみんなが与えられた役割をきちんと果たしたくなるように、またそれをチェックするために、何らかの形で管理する仕組みも用意しておかなければ、実際に仕事は進まないだろう。それが管理システムの基本的な意義である。

つまり、組織構造と管理システムで、実際の仕事の「仕組みの枠」をつくろうとする。それを設計するのが、経営者の重要な役割の一つで、経営のマクロマネジメントの大きな部分である。この章では、組織構造を扱う。

組織構造をわかりやすく表現しようとしたものが、組織図である。どんな部署が組織の中にあって、それぞれは何を担当し、お互いにどんな権限関係にあるのか。誰に誰が報告するようになっていて、情報はどのように流れるのか。それらの基本パターンを図示したものが組織図であるが、これが組織構造の一つの表現である。

「組織図などただの絵だ、現実の仕事の現場での権限は個人的な力関係で決まる、権限は自分で奪うものだ」、といったような勇ましい意見が聞かれる企業もある。そうかと思えば、「組織図できちんと整理してくれていないから、誰が何の権限をもっているのか不明確で、そのために不必要な調整や連絡が多くなって、くだらない仕事や会議が増えてかなわない」という声が聞こえることもある。

たしかに、現場での実際の仕事の進行は、個人的な個性やパワーでかなり色づけされる。しかし、そうした個人的関係の基底の部分で個々の人たちの仕事の分業と役割分担を決めているのが、組織構造である。そして、その役割には権限関係も含まれ、誰に報告するかという情報の流れも組織構造次第で変わってくる。

組織構造を合理的につくればすぐにそれで仕事がスムーズに進む、ということはない。しかし、分業の仕方や役割分担、情報の流れや権限関係が非合理的にできていると、組織内で余分な内部調整が増えて、ムダな努力が多くなり、行動のスピードが遅くなる。あるいは、大事な仕事を誰も分担しないことになってしまって、仕事に抜けが出ることもある。

そういったムダや抜けを小さくして、みんなの間の協働がうまくいくようにするのが、組織構造の基本的な意義である。

たかが組織図、されど組織図。組織図をバカにしてはいけない。

事業部制組織と職能制組織

全社的な組織構造の選択のもっとも代表的な例として、事業部制組織か職能制組織かという問題を考えてみよう。

今、二つの製品分野A、Bを対象に事業活動を行なっている企業を考える。それぞれの製品ごとに、開発、生産、営業という職能（機能）をどこの会社もふつうはもっている。それぞれ

図◆事業部制組織と職能制組織

事業部制

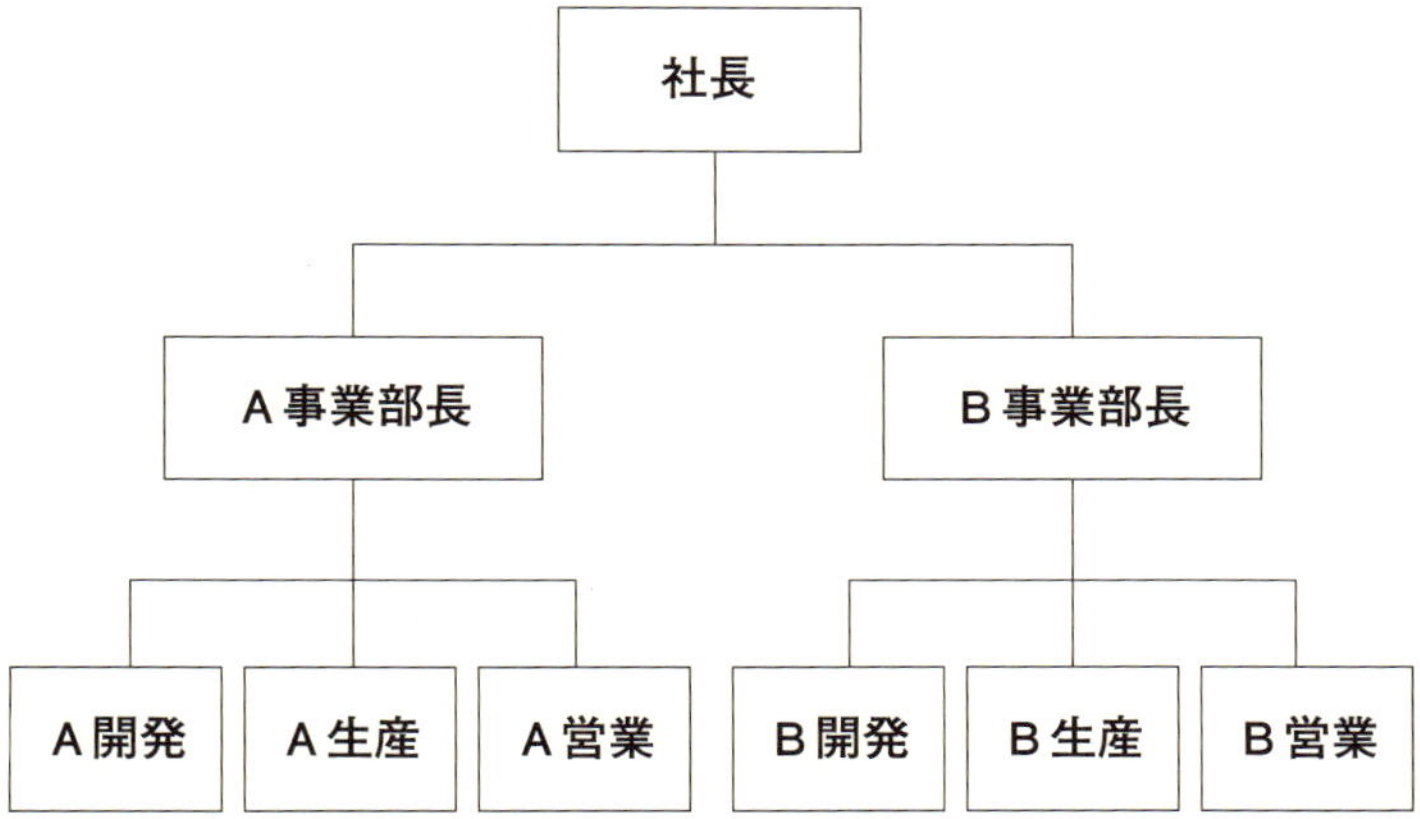

職能制

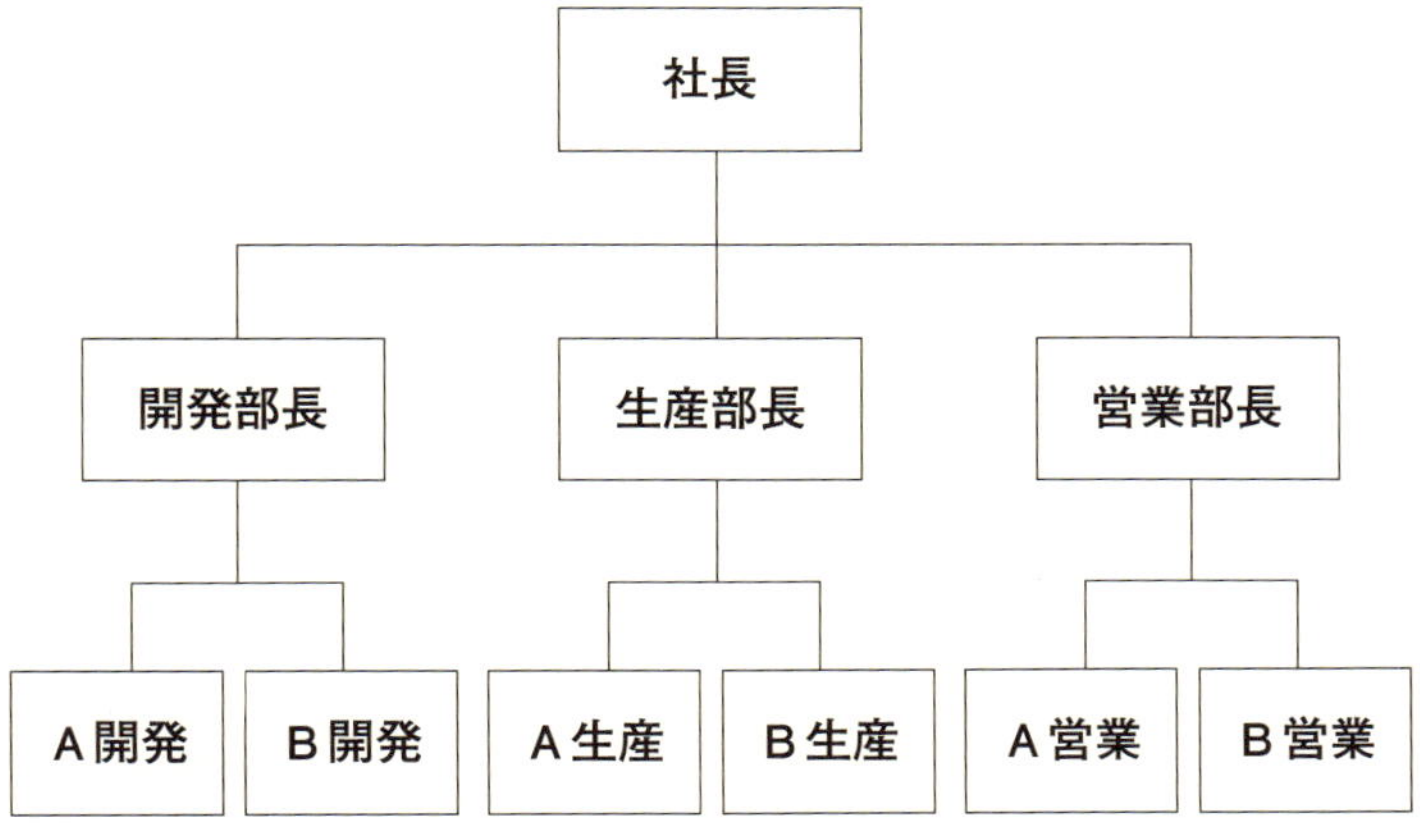

を、A開発、B開発、……というように表して、事業部制と職能制の組織図を描くと、前ページのようになる。

事業部制組織とは、一つの製品分野ごとに開発、生産、営業という職能を製品単位で束ねる事業部長というポジションをおき、二人の事業部長が社長に直結する組織形態である。職能制とは、二つの製品の一つの職能（たとえば開発）を束ねる職能部長をおき、三人の職能部長が社長に直結する組織である。

二つの組織構造には、それぞれの長所と短所がある。

事業部制組織の長所は、大別して二つある。一つは、製品ごとの市場を単位にして組織ができているので、その製品市場のための開発、生産、営業という組織の焦点がつくりやすく、市場あるいは顧客を焦点にした事業活動になりやすい。第二に、三つの職能を担当している人たちの間の組織的・情報的距離が短かく、調整がやりやすい。なんと言っても、一つの事業部に属しているのだから、連絡も接触の機会も多いのがふつうで、何か問題があれば事業部長がすぐに職能間の調整をできる。

その裏返しが、職能制の短所である。組織の単位が職能であるために、職能がまず大切ということが組織の焦点になりやすく、したがって顧客志向から遠ざかる危険がある。また、三つの職能の間の調整を各製品ごとに行なうのが難しい。A開発担当者のボスは開発部長なのである。その担当者がA製品の営業担当者と調整をしようとすれば、組織のルートとしては開発部長から営業部長へ話を通してもらい、それを受けて担当者同士で調整するということになる。

しかし、職能制の長所もある。何よりもまず、専門化の利益を享受できる。A開発で蓄積したノウハウを、B開発も容易に使える。同じ開発部に属しているからである。人員の繁忙に応じた使い回しも、同じ部署ならば楽にできるであろう。こうした職能としての効率性が、職能組織の最大の長所である。それは裏返せば、事業部制の短所となる。人員の各事業部への重複配置が必要になり、それだけ効率性は落ちる。しかも、営業が事業部ごとに分かれているために、小売店へはバラバラに事業部ごとに行くことになる。また、事業部営業は大きな市場全体の流れをつかもうとはせず、狭い自分の範囲だけの市場情報を集積することになる。

例を挙げよう。松下電器産業は、事業部制組織という形態を創業者の松下幸之助が世界に先駆けて生み出したこともあり、戦前からかなり細かな製品分野ごとに分かれた小さな事業部制の自主独立経営を経営の根幹としてきた。そのことがかえって裏目に出て、最近では営業の声よりも生産の論理が優先されるような事業部経営についついなってしまっていた。個々の製品ごとの営業の声が個々の製品ごとの生産の事情にかき消されることが多くなっていたのである。

そこで、二〇〇一年に行なわれた組織改正で、国内家電事業については事業部から営業部門を取り出し、マーケティング本部として一つにまとめ、その本部に従来は本社機構にあった宣伝機能をもたせるという組織改正を行なった。図で描けば、次ページのような組織構造にした（実際には、テレビなどのパナソニック製品と白物家電のナショナル製品と、二つのマーケ

図◆松下のマーケティング本部制

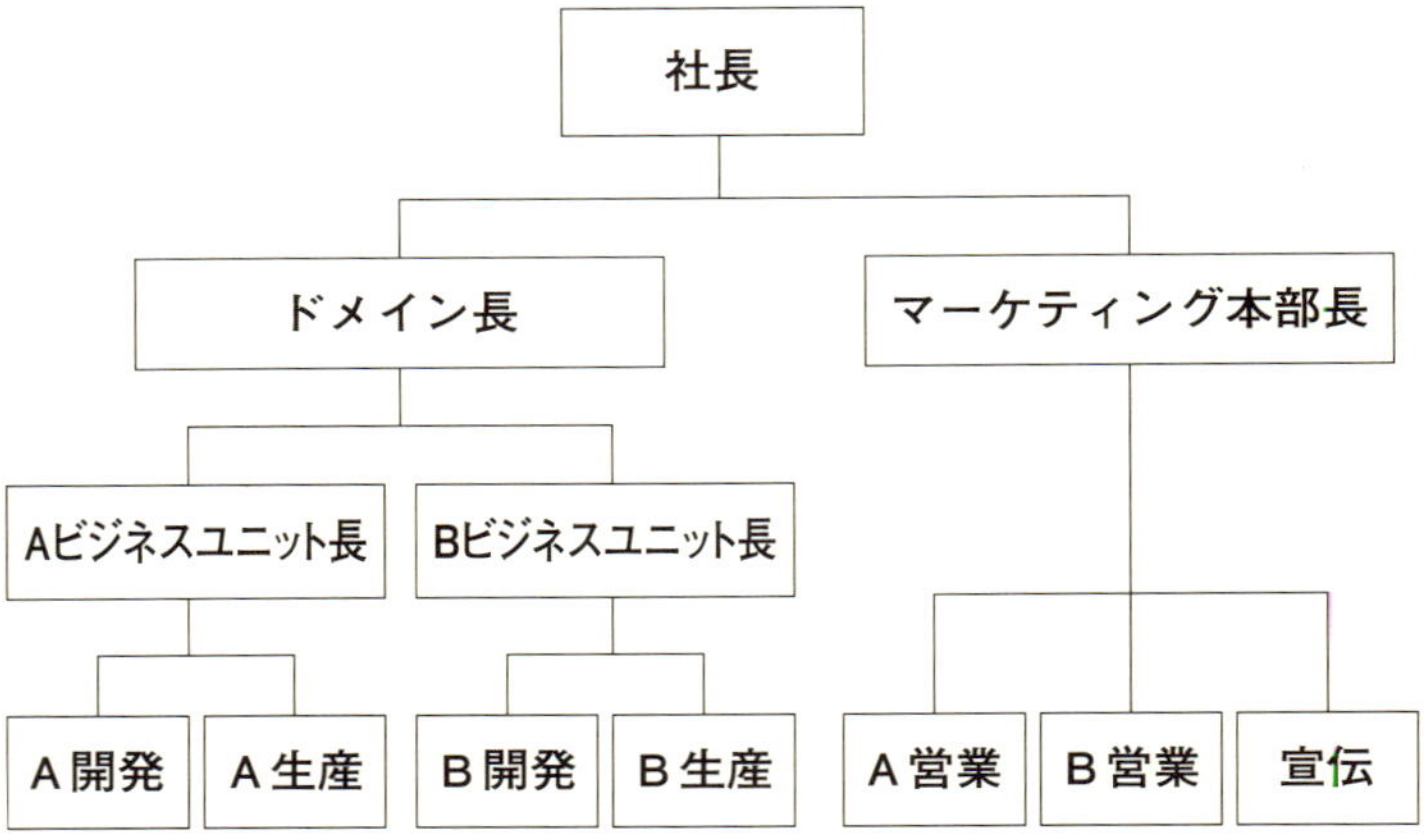

ティング本部がつくられた)。

従来の事業部は営業機能をもたないビジネスユニットとなり、いくつかのビジネスユニットを束ねるドメイン会社なる社内分社が数多くつくられた。そのドメイン会社とマーケティング本部は対等な立場として位置づけられたのである。

マーケティング本部は、ドメイン会社から製品を社内的に買い取り責任をもつようになった。つまり、マーケティング本部は買い取った製品が売れなければ、自分の責任になるような体制にしたのである。その結果、マーケティング本部はビジネスユニットへの強い発言力をもてるようになった。しかも、市場側への対応としては、マーケティング本部は直接に大型家電小売店と対峙できるようになった。

こうした組織改正の結果、市場の声が組織内部で大きな力をもって通るようになり、従来ついつい生産の論理で行なわれていた商品企画などが、市場の論理で行なわれるようになった。マーケティング本部制は、純粋事業部制と純粋職能制の中間的な組織構造である。この種の中間的な工夫が、大半の組織が行なっている工夫である。この工夫を、たかが組織図の変更と言ってはならない。現場での情報の流れ、組織単位の間の力関係など、多くのことが変わるのである。

効率、情報の流れ、パワー関係

組織構造は、組織の中で働く一人ひとりの仕事の内容を決め、誰と誰が同じ部署になり、誰と誰が社内で連絡や交渉をする立場になるのか、といったことを決めている。仕事の分担と束ねの基礎構造である。どの組織にも、そうした構造設計の問題は必ずある。この章では事業部制の問題を例にそれを解説してきたが、決して事業部制だけが組織構造の問題なのではない。たとえば、営業という職能が全国に散らばって活動をしているとき、その地域的統括機構はどのようにつくるか。あるいは、研究開発機能を、本社中央研究所に集中するのか、各事業部門に分割所属させるのか。一つの開発グループの中で、誰と誰がどんなタイプのプロジェクトを担当するようにしたらいいのか。

こうした組織構造設計問題にかなり普遍的に共通する考慮要因が三つあると思われる。この項のタイトルになっている、効率、情報の流れ、パワー関係、である。

効率とは、業務の効率性である。職能制組織の議論で出てきたように、同じような仕事をしている人々をまとめて一つの組織の単位のもとにおけば、その仕事の業務効率は上がることが多い。繁閑による人員の使い回し、ノウハウの共有、専門化による熟練の形成とその伝承・共有、あるいは管理のしやすさ、などが効率性の源泉だろう。

情報の流れとは、人々の間に重要な情報がどのように流れるかという問題で、組織構造が、流れやすい情報の種類、スピード、精度を決めてしまっていることが多い。

それは、組織構造が仕事の仕組みを決めていることを考えれば、当然である。何の仕事をするかが決まれば、その仕事に必要な情報が流れるようになるのである。開発をひとまとまりに集めれば、その組織単位の中では開発にかかわる技術情報ばかりが流れるようになるだろう。

複雑な組織になってしまい、調整役が多いような組織構造にすると、必然的に情報の流れは遅くなり、かつ雑音が入るようになる。情報の流れの中間点にいる人は、無意識に自分の解釈を交えて情報を変質させるかもしれないし、意図的に情報を変質させたり、部分的に伝えないこともあるかもしれない。逆に、情報の流れの中間に統括役、あるいは情報のまとめ役をおかなければ、バラバラに情報が現場に流れるだけでは意味がないこともあるだろう。

パワー関係とは、組織の中の力関係のことである。どの部署が「えらい」か、あるいはどのポジションの人が「えらい」か、ということである。その力関係が、組織構造上与えられた権限によっても大きく変わる。

松下のようにマーケティング本部をつくってそこに買い取り責任を与えれば、その責任の裏返しにビジネスユニットに自分たちの言うことを聞かせるパワーが発生する。「言うことを聞かなければ、買わない」という暗黙の脅威が生まれるからである。

このパワー関係は、情報の流れがどの程度のインパクトをもつかを決めている。情報は流れるだけではまだ意義は小さい。情報の受け手がその情報の意味に沿った動きを取るようになるようなインパクトをもってはじめて、情報が流れる意義がある。

松下の例で言えば、事業部制時代には事業部営業が市場の声を開発や生産に伝えても、それが小さなインパクトしかもたないこともあり得た。「工場の側の事情も勘案して最後は判断せざるを得ない」と事業部長がついつい言いがちになるからである。しかし、マーケティング本部長のパワーの後ろ盾があれば、マーケティング本部の中のA営業の声は、A事業部の中のA営業よりは大きなインパクトをもち得るのである。

効率、情報の流れ、パワー関係という三つの考慮要因の総合判断で、組織構造の基本設計はなされなければならないだろう。その総合判断は、決してやさしいものではない。たとえば、職能制は効率性重視の組織構造。事業部制は情報の流れ重視の組織構造である。松下は、長い間、情報の流れ重視、しかも自主責任のもつよさを重視してきた。しかし、その結果、組織内のパワー関係が生産・開発に偏るようになってしまった。それを是正して市場の声を開発にまで届かせるためには、営業の効率を高め、かつ組織内のパワー関係を変えるような組織構造が必要だったのである。

そしてその構造もまた、長期の間には別なパワー関係の歪みを生み出したり、情報の流れを阻害したりするかもしれない。そのときはまた、構造を変えればいい。組織構造はゆれ動いていくのが、長期的には最適な姿だと思われる。

ケンカのさせ方、人の育ち方

組織構造の設計を考えるとき、しばしば犯しがちな誤りがある。そのうちの二つを最後に取り上げておこう。それが、この項のタイトルである。

ケンカのさせ方が大切とは、組織構造を設計するときに、どんな構造をつくっても組織の内部にコンフリクト（対立）が発生することを覚悟したほうがよく、むしろどんなケンカのさせ方が建設的かを考えたほうがいい、ということである。しばしば起きる誤りは、対立が生じないような構造を懸命に考えるという誤りである。しかしそれは間違いで、むしろ、必要な対立が表面化して、建設的な解決策への議論へと進むことを狙うほうがいい。

たとえば、銀行の審査部門を、営業部門とは独立の本社機構の主要部門と位置づけるか、複数の営業部門（たとえば大企業担当営業部門と中小企業担当営業部門）がそれぞれに審査部門をもたせるか、という問題を考えてみよう。完全独立型の審査部門なら、貸し付け案件の将来性やリスクに関する意見の違いが表面化しやすい。貸したい営業部門とは独立に、審査をきちんとすることが本社直属の審査の機能だからである。しかし、個々の営業部門の中に審査機能があれば、その審査担当者の上司はその営業部門責任者となって、営業との意見対立があっても、営業部門長のところでおそらくは営業寄りに解消されてしまう。ケンカは表面化しない。バブル期に入る直前に多くの日本の大手銀行は、審査部門をいくつかの営業部門の下に分属させるという組織構造に変えた。それが、日本の銀行がリスクを軽視した貸し付けに走った一つの構造的な理由であったと言われている。

建設的なコンフリクトの吹き出させ方とは、そのコンフリクトが吹き出して顕在化することによって、重要な問題の存在をきちんと多くの人に知らせるような吹き出させ方、あるいはそのコンフリクトを解消しようとして多くの人が前向きの努力をするようになる、そういった吹き出させ方である。

組織構造と人材とのマッチングという問題でも、誤りが起きやすい。当然のことながら、選択される組織構造の要のポジションを実際に切り盛りできる人材がいなければ、組織は機能しないだろう。組織図は文字通り、絵に描いた餅になる。

しかし、組織構造のつくり方は仕事の内容を決め、人の育ち方に影響を与える。それを考えると、あまり現在の人材にぴったりマッチした組織構造を選ばないほうがいい場合もある。犯しがちな誤りは、「人材にぴったり」という選択をついつい短期的視野で取りがち、という誤りである。考え方の基本は、前章で述べた「カニの甲羅」理論と同じである。少し大きめの穴がカニを成長させる。

組織構造のあり方が人材育成に貢献するルートは、主に二つある。第一のルートは、組織構造が人々の思考様式に変化を与えることである。人は自分の守備範囲にあった思考のパターンを取りがちになるものである。たとえば、職能制の組織構造を取れば、職能の専門家集団が生まれる。事業部制にして事業部長というポジションをつくれば、そのポジションが要求する「事業全体を眺める」という思考様式をそのポジションを任される人々はもたざるを得なくなる。

第二のルートは、組織構造がその中で重視する役割などを明示するために、組織内の価値観の設定に一定の影響をもつことである。たとえば、組織構造の中で、多くの人から見て組織の今後の変化を象徴するような重要と思われるような役割が新たにつくられたとしよう。それは、人々の役割モデルをつくったことになっている。「あんな役割をできるように自分もなりたい」と多くの人が思う「育つ目標」を組織構造が与えることになる。

組織構造は人を動かすためにある。しかし、人は組織構造の下で育つものでもある。

第18章 管理システム

任して、任さず

組織構造をつくるということは、人々の仕事の内容、権限、そして責任を決めることである。しかし、それが決まればすぐに組織がスムーズに動くわけではない。人々が実際に仕事をきちんとする必要がある。それを確保するために、企業は管理システムをつくる。

管理システムの本質は、「任して、任さず」である。

組織構造を決めた段階で、上司は部下にある業務を任せている。その任された内容は、単に一つの行動や意思決定ではなく、ある期間の間の業務プロセスの執行である。たとえば、営業マンに販売と顧客開拓という仕事が任される。毎日毎日任されることが変わるのではない。ある期間、ずっとその行動が任されている。

しかし、当然、その期間の間にさまざまな出来事が起きるだろう。そのすべてを上司がチェックしているわけにはいかない。それであれば、「任せた」ことにはなっていない。「任せた」以上、さまざまな出来事（たとえば、急に競争相手が新製品を出した）にきちんと対応した適切な行動を部下が取ることが期待されている。

だが、「期待されている」といっても、任せっぱなしにするわけでもない。たとえば、事前にその期間の達成目標を上司と部下の間で決めたりするだろう。あるいは、さまざまな出来事がその期間の間に起きるたびに、それを部下がわかるように情報が流れる仕組みを用意する必要がある。さらには、事後的に実際の業績を測って、適切な行動を取っていたかどうかのチェックもするだろう。つまり、任せっぱなしではなく、「任さず」という部分もあるのである。

こうして、部下に任せた一定期間の業務プロセスの執行について、それが実際に適切に行なわれるように上司はさまざまな形での手配りをする。その手配りは、「影響」行動と「直接介入」行動、という二つのタイプの行動からなると考えるとわかりやすい。

影響行動とは、部下の行動がより適切になるように間接的に影響を与えたいという行動である。たとえば、インセンティブを与えて部下の行動を導く、目標設定を部下と行なう、部下が目標の達成状況がわかるように期中に業績情報を提供する、などがその例である。直接介入は、文字通り介入で、任せることの一時的中断である。

こうした二つの行動（影響と直接介入）のために管理する側がつくるシステムが、管理システムである。

ここまではわかりやすいように一人の上司と一人の部下をイメージして説明してきたが、一つの組織全体ではさまざまな業務をしている上司と部下が多階層にかつヨコにもつながっている。そこでは、じつに多様な影響行動と直接介入が起きることだろう。そのプロセス全体を支援するためのシステムが管理システムだから、かなり複雑な制度となるのがふつうである。

しかし、管理システムの本質は、この説明で尽きている。つまり、組織構造が「任せる」部分を担い、管理システムが「任さず」の部分を直接（介入）、間接（影響）に担う。

「任す」も「任さず」も両方がないと、人間の集団である組織はきちんとは動かないだろう。任せられると意気に感じてやる気を出して人々が動く。しかし、途中で苦労があるとついひるむから、そこで刺激がいる。任せっぱなしにはできない。そんな「性善なれども弱し」という人間たちを導くために、「任して、任さず」という矛盾に聞こえる言葉が意味をもつ。

目標設定、業績測定、評価・インセンティブ

上司による「影響のための」行動と「直接介入のための」行動をあわせて管理行動と呼んでまとめれば、

影響行動

(1)部下の行動の目的整合性の確保

(2)部下の努力の確保
(3)部下自身の自己フィードバックのための情報提供

直接介入行動

(4)部下の行動の指示

と整理できるだろう。

第一は、部下が目指す目的が組織として動いて欲しいような方向に整合的であるように工夫する行動である。第二は、その方向に大きな努力を部下が費やすことを確保するような工夫のことである。第三は、部下自身が適切な行動を期中に取るためには、何が起きているかを部下自身が知らなければならない。その適切な行動を自己フィードバックと呼ぶとすれば（自己とはつまり部下自身によるという意味）、そのために必要な情報が部下に提供されるように工夫する必要がある。

第四は、部下に適切な行動を指示するもので、これを行なうために部下がどんな行動を取っているか、その結果がどう出ているかを上司は知る必要がある。知った上で、これは介入しなければならないと判断したら、介入するのである。そのために、上司は部下に任せた業務についての情報収集システムをもつ必要がある。

この四つの管理行動を、ある期間の事前、期中、事後に上司がきちんと行なえるようにつくられる管理システムは、ふつう、次の三つのサブシステムからなることが多い。

(A)目標設定システム
(B)業績測定システム
(C)評価・インセンティブシステム

目標設定システムは、部下の行動目標（たとえば年度あるいは月次の業績目標）の設定を行なうシステムのことである。たとえば、目標管理制度における自己申告による目標設定システムがその例である。部下の目標設定に対して上司による方向づけを行なうのは、部下の行動の目的整合性を確保することが大きな目的であるが、自己の目標設定への部下の参加による動機づけも大切であろう。

また、多くの企業がもっている経営計画システムは、各組織単位の目標設定のプロセスを実際に受けもっているシステムでもある。計画をつくるということは、その組織の目標を設定することだからである。

業績測定システムは、設定された目標を目指して実際に行動が行なわれるかどうかをチェックするために、業績の達成状況を測定する仕組みである。たとえば管理会計システムがその典型例である。事業部の利益測定、工場の原価測定と管理、など管理会計システムはどこの企業ももっている。

業績測定は、上司のためにも部下のためにも必要である。上司のためには、直接介入する必要があるかどうかを期中で判断するための情報提供が目的となる。部下本人（実際に業務を行なっている本人）のためには、自己フィードバックのために業績測定が必要となる。自分がどんな業績を上げているのかを知らなければ、自己フィードバックの努力を行なえない。だから、業績測定は部下の努力確保のための情報システムともなっている。

そうした業績測定に基づいてどんな評価とインセンティブが与えられるか、部下にとっては大きな関心事であろう。それを決めるのが、評価・インセンティブシステムである。インセンティブ・システムとは、組織が人々に与えるさまざまな形での報償のシステムのことで、金銭的報酬だけでなく、昇進といった地位に関する報償等々、人事評価・人事昇進も含めて広範囲に考える必要があろう。

この評価とインセンティブのあり方は部下の努力水準を決め、また行動の方向性が組織の目的と整合的であるかどうかを決めるきわめて大きな要因で、管理システムの重要な部分である。

管理会計の大切さ

目標設定は、事後に目標が達成されたかどうかを測定できるかどうかで、その意義が変わる。事後的に達成が確認できないような目標は、理念的には意味がありえても、部下の行動を導く力は小さいだろう。また、評価・インセンティブは測定された業績をベースに行なわれてはじめて、期中の部下の行動への影響力をもつ。自分が取る行動とそこから生まれる業績に関係のない評価が与えられるのであれば、部下は努力をしなくなる可能性が高い。

したがって、業績測定は管理システムの要の役割を果たしている。目標設定システムも評価・インセンティブシステムも、業績測定システムと連動していなければ、意義は薄い。その連動がうまくいっていない組織が、案外多いのではないか。

それだけ重要な業績測定システムとして多くの企業で普遍的な重要性をもつのが、管理会計システムである。会計測定という「カネに換算できる」ものに限った内部会計システムだが、しかし、カネに換算できるがためにさまざまな組織単位に共通の普遍性をもち、その点で業績の組織内相対評価を可能にするという意味でも、大変重要である。

たとえば、京セラはアメーバ経営という経営システムを工夫し、大小三〇〇〇に近い「アメーバ組織」と彼らが呼ぶ小さな組織単位ごとに、綿密な管理会計システムをつくっている。アメーバ組織は、工場では工程ごとに五人から一〇人の小さな組織である。営業でもその程度の大きさの組織がつくられている。そのリーダーには、自分のアメーバの生産性を上げるという業務が任されている。その努力の確保のために、アメーバという小さな単位ごとに、採算計算が週次・月次で行なわれる。

アメーバの売上げとは、次の工程あるいは業務に渡した仕事の金銭評価である。内部での仕切り価格を設定して、工程間での売り買いがあったかのごとくの計算をする。アメーバの経費は、人件費を除くすべての経費で、前の工程からの「仕入れ」もまた経費の一部である。売上げから経費を引くと、そのアメーバの付加価値がたとえば月次で計算される。その付加価値をそのアメーバがその月に使った総人員の総労働時間数で割れば、京セラが「時間当たり採算」と呼んでいる業績指標が計算できる。これがアメーバの業績測定システムである。各アメーバのリーダーは、毎月計算される時間当たり採算の数字を見て、自分たちの生産性向上のための対策を考える。

この経営システムには、さまざまな工夫がある。まず第一に、組織構造として、きわめて小さな組織を一つの管理のユニットとして考え、そのリーダーに生産性向上の責任をもたせている。小さな組織ほど、動きは速い。自分たちで考えた生産性向上の案を自分たちで実行できるのなら、自律感と参画意識が生まれ、モチベーションとやりがいも生まれるだろう。

第二に管理システムとして、時間当たり採算というユニークな業績指標を中心に、目標設定、業績測定、評価・インセンティブ、のシステムができている。

この時間当たり採算という業績指標は、アメーバが自分たちでコントロールできる変数を中心にした業績指標である。売上げは、自分たちの果たす仕事量を大きくすれば増える。その仕事をより少ない経費で実現できれば、付加価値が大きくできる。さらに、その付加価値をより少ない労働時間で効率的に生み出せれば、時間当たり採算という業績指標が向上する。つまり、時間当たり採算という割り算数値の分母（総労働時間）も分子（付加価値）も、アメーバの努力次第で改善できる変数なのである。

分母が人件費でないのが、一つのミソである。人件費は賃金次第で変わるが、その賃金水準は全社的な賃金制度で決まっていて、アメーバの努力ではいかんともしがたい。しかし、総労働時間数なら、努力で節約できる。また、分子が「利益指標」でなく、人件費を引く前の付加価値であるのが、もう一つのミソである。人件費はアメーバの努力で左右できる数字ではない。それを引いた後の利益は自分ではどうしようもない部分を大きく含んだ数字になってしまう。

こうして「管理可能」な業績指標で業績を測定されれば、自分の努力が数字に表れることになる。自己フィードバックのためにも、評価の公正性のためにも、意味がある。

さらに、この時間当たり採算は、どのアメーバでも計算できて、どのアメーバとも比較可能である。分子がカネに換算された付加価値であり、分母もどのアメーバでも使う労働時間なのだから、時間当たり採算は全社のすべてのアメーバとの相対比較が可能なのである。横並び比較が可能になると、自分たちの努力や業績の相対的位置を各アメーバは知ることができる。それが自己フィードバックにもなるだろうし、また組織内競争心をかき立てることにもなる。

三〇〇〇ものアメーバごとにきちんと時間当たり採算を週次、月次で計算できる管理会計システムは、間接部門の経費の配分も含んだ、じつに綿密なシステムとなっている。アメーバ経営をしっかり下支えしているのは、この綿密な管理会計システムなのである。

管理システムの二面性：情報システムと影響システム

アメーバの業績測定システムもいい例だが、ほとんどすべての管理システムは、情報システムと影響システムという二つの面を一つのシステムがもっている。一つのシステムが二面性をもってしまう、と言ってもよい。

管理システムはまず、下の人（仕事を実際する人）の行動に「影響」を与えるための仕組みとして機能する。人間は、ある目標を設定されれば、それを目指すようになる。ある指標で業績を測られると、それを気にする。それが公になって周囲に見られると思えば、余計に気にする。その気がかりが、行動を変える。さらに、評価やインセンティブのあり方は、もちろん下の人の行動に影響を及ぼす。

そうした影響が生まれるために、管理システムは情報を必ず集める。目標管理制度では、自己申告目標を報告させる。業績測定システムは細かな業績情報を週次・月次で収集している。評価システムもそれを動かせば、自然に評価結果という情報が収集される。

そうした情報収集は、しばしば、上司の判断のための情報収集である。単に介入が必要かどうかの判断のためだけでなく、高次の経営判断（たとえば、この事業にさらに投資すべきかどうか、誰を事業部長にするか）のために、現場の実態を知る必要がある。そのための、管理システムが提供してくれる情報は意義が大きいし、また経営計画システムのようにそうした経営判断のための情報を収集することが主な目的の管理システムもある。

しかし、どのような目的で情報が収集されているにせよ、情報を集めれば、それに部下は反応してしまう。意図して集めている情報を焦点に行動を変えさせたいと思っていなくとも、情報を集めれば、その情報をお化粧する方向で部下は反応することが多い。ときには、単なる情報収集だといっても、あまりにくわしく自分に任された業務の情報を管理システムが集めてしまうと、監視をされている、自由度を与えてもらっていない、というマイナスの感情すら生まれ得る。

最近よく、業績を「見える化」することの重要性が説かれる。たしかに見える化できれば、情報システムとして意義は大きいだろう。上司も部下も、見える情報は理解しやすいからである。

しかし、見える化をすると、自分たち以外の他人にも見えることになる。つまり、他者比較にさらされるということになる。とすると、その見える化指標を業績評価に使うと言わなくても、多くの人は自己評価を他人との比較で自然に行ない、あるいは他人の目が気になり、自己牽制と自己刺激につながる。さらには、他者比較を意識しての競争が起きる。

人間は社会的動物である。見える化は、見える化システムが情報システムとして機能することを狙っているばかりでなく、影響システムとしても機能することを狙っている面もありそうだ。ただし、これをやりすぎると、殺伐となる。その頃合いが難しい。

見える化のみならず、管理システムがほとんどつねにこうした二面性をもつ。したがって、時には「意図せざる悪影響」を管理システムがもってしまう。管理システムの設計の際には、この二面性をどのように利用するか、どのように処理するか、が大きなポイントになる。

第19章 場のマネジメント

サッカーとジャズ

経営システムは、主にタテの影響をきちんと与えることを目的とする仕事の「仕組み」の枠づくりである。組織の上層部から現場へと、「任し、任さず」の仕組みの枠をつくることによって、マクロマネジメントをしようとする。

しかしそれだけが、マクロマネジメントの枠づくりのすべてではない。第12章の図（153ページ）をもう一度見てほしい。現場での仕事の「プロセスの枠」をつくる、というマクロマネジメントも大切なのである。

それは、仕事のプロセスの中での人々の間のヨコの相互作用を活発化させ、導くような枠づくりである。仕事の現場で、仕事をするプロセス自体の中で、「人々の間で情報が自然に交換・共有され、人々が相互に心理的な刺激を与え合うように」することとは、どのようにしたらできるか。それを、「プロセスの枠」としての「場」をつくることによってできないか。

場とは、人々のヨコの相互作用のプロセスの「容れもの」だと思えばよい。経営システムの議論は、タテのヒエラルキー（階層）を重視するマネジメントとしての色彩が強い。だから、組織構造の章（第17章）と管理システムの章（第18章）の説明には、「上司と部下」という言葉が多く出てきた。そしてしばしば、われわれはタテの、ヒエラルキー（階層）を前提にしたマネジメントに注意を集中しがちである。とくに組織の中の責任のある地位につくと、多くの人は錯覚をして、タテのマネジメントばかりを考えるようになる。多分、そのほうが管理者としての仕事をしている気になれるのだろう。「自分は上司だ。命令を出して、みんなを従わせなければならない」。

しかし、世の中はタテばかりではなく、ヨコもある。ヨコを重んじるマネジメントのスタイルがあってもいい。

タテとヨコの違いをしめす好例がスポーツの世界にある。アメリカンフットボールとサッカーである。

アメリカンフットボールでは、一つのチームの中にオフェンスとディフェンスの専門のチームがそれぞれあり、またそれぞれのチームの中でも、ボールを投げる人、ボールを受け取って走る人、ただただ相手にぶつかって道をつくる人、などと分業が徹底されている。そのスペシャリストたちがクォーターバックからの「タテの」指令のもとに、事前にくわしくつくられたさまざまなプランに従って行動する。ゲームはボールが地面につくたびに中断し、きちんと陣形を組みなおして、次はどのプランでいくか、そのたびにクォーターバックから指令が出る。

それと比べると、サッカーでは分業もアメリカンフットボールほどではなく、一人がいくつもの役回りをせざるを得ないようにゲームが進んでいく。時にはバックスがオーバーラップして攻撃に参加し、ボランチ（中盤の下がり目の選手）は下がって防御をする。みんなが全体の構図を見ながら、自分の判断で動く。時に固まってボールを奪い合い、そしてときに展開し、幾人もの足をボールが次々に渡って、波のようにゲームが進んでいく。中央集権的な司令塔もそれほどの意味をもたない。即興も多い。しかし、自己組織的にゴールを目指してチーム全体が秩序をもって動いている。

二つのチームスポーツのちがいは、音楽の世界のクラシックとジャズの違いにも似ている。クラシックでは作曲家が書いたスコアという音楽のプランが、多くの楽器に分業した演奏者たちに出すべき音を音符という形で指定している。その音符の指定に解釈を加え、一つのつながりと全体像をもった音楽に仕立て上げていくのは、指揮者の役割である。指揮者はタテの司令塔である。

しかしジャズでは、一つのメロディーという大枠を共有した上で、奏者が繰り広げる即興演奏が命である。ピアノからサックスへ、サックスからドラムへ、ある程度の基本的な共通の枠組みを共有しながら、相手の演奏を見ながら、相手の音を聞きながら、各奏者は自分は次はどうしようかと考えている。しかし、相手との相互作用を考えての即興だから、ただの気ままではない。そして、自由な発想のほとばしりが、すばらしい演奏を生み出し、それがつながり合って全体として流れるようなアンサンブルになる。そのとき、心理的共振があり、熱気が生まれる。

場のマネジメントは、サッカーのスタイル、ジャズのスタイルのマネジメントである。

場とは何か

「ヨコの相互作用のマネジメント」がうまくいくためには、まず第一に仕事の現場に流れる情報と感情の流れを濃密なものにする必要がある。「仕事の現場でヨコの情報交換と心理的刺激が起きること」が、ヨコの相互作用のもっとも本質的な部分だからである。

それが起きるための状況づくりを、マネジメントする側は考える必要がある。濃密に情報と感情が流れるとき、人々の間に

(1)自然で自由な情報発信と受信
(2)密度の濃い、本音のコミュニケーション
(3)感情の交流、心理的な刺激

が生まれるのである。そこから、仕事のプロセスの凝集性と熱気が生まれる。

情報と感情の濃密な流れが起きるためには、その流れの「容れもの」あるいは舞台が必要となるだろう。単に情報や感情がいったん流れ始めても、それがどこかで停滞すること、あるいはどこかへ消えてしまうこともあるだろう。濃密に流れ、互いの間のキャッチボールが生まれるためには、互いに反射し合うような容れものが必要なのである。

その容れものが、「場」と私が呼ぶ概念である。つまり、場の定義をすれば、次のようになる。

「場とは、人々がそこに参加し、意識・無意識のうちに相互に観察し、コミュニケーションを行ない、相互に理解し、相互に働きかけ合い、相互に心理的刺激をする、そのプロセスの枠組みのことである」

その枠組みは、人々の間の情報的相互作用と心理的相互作用との容れもの、と言ってもいいだろう。その容れものの中で、人々がさまざまな様式やチャネルを通じて情報を交換し合い、心理的に刺激し合う。

人間の間の情報交換の様式は、じつにさまざまである。単に言葉での会話や文書での連絡に限定する必要はなく、顔の表情やボディランゲージもある。さらには人間には観察能力があるので、一連の出来事を見せること、それを観察することが情報交換になったりもする。人間は五感をもったじつに高性能の情報受発信装置なのである。

しかも、その情報交換の一つの行動自体がそのまま、心理的相互作用のための行動にもなることが多い。たとえば、顔をしかめながら「イエス」と言う。喜びで顔に笑みを浮かべながら「よくやった」と認めてやる。すべて、情報と心理的刺激が同時に伝わる行動の例である。だから、仕事の現場には情報と感情が流れている、と言いたいのである。

こうした情報的相互作用と心理的相互作用は、別に「場」というような容れものがなくても、単発的にあるいは密度薄く起きることはあるだろう。しかし、それが継続してかつ濃密に起き、そこから何かが自己組織的に動き始めるためには、情報的相互作用が何らかの焦点、何らかの集中をもって行なわれる必要がある。焦点も集中もなければ、相互作用は散漫になり、拡散してしまう危険があるからである。

場という容れものによって境界が区切られてはじめて、焦点や集中がつくられてこそ、継続的で密度の濃い相互作用が起きる。

それは、やかんに入れた水を熱すると、やかんに入っている水だからこそ熱対流という動きが起きることと、似ている。やかんの壁の形に沿って熱い水が上へと動き、冷たい水は下へと動いて、全体が流れをつくる。その流れは、やかんという容れものがあるからこそ生まれる流れである。

組織の中の人々の間の情報的相互作用や心理的相互作用もまた、同じである。つまり焦点や集中があれば、人々の間の相互影響が強まる。そのためには、相互作用がある種の「容れもの」の中で起きる必要がある。その容れものが、「場」、である。

場が生まれ、そこで情報的相互作用と心理的相互作用が活発に起きるようになると、そこから生み出されてくるものがある。情報的には、さまざまな意味での「個人の間の共通理解」が生まれ、かつ「個人の情報蓄積」が生まれてくる。また、心理的には、「心理的エネルギー」が人々の間に生まれてくる。

共通理解が生まれれば、いちいち細かな指令をしなくても足並みの揃った行動をチームとして取れるようになる。情報蓄積が生まれれば、仕事を個々人がうまくやれるようになる。心理的エネルギーが生まれれば、やる気が出て、努力水準が高まる。

それらがヨコの相互作用から生まれるのが、場のマネジメントの本質である。

マネジメントのパラダイム転換

これまで経営学の教科書などで常識的に受け入れられてきたと思われるマネジメントのパラダイムは、ヒエラルキーパラダイムとでも呼ぶべきものであろう。組織を何よりも上下の階層関係と捉え、その中で上司が部下に命令することが組織のマネジメントの中心であると考えるようなマネジメントのパラダイムである。

しかし、場のマネジメントのパラダイムはそれとは異なる。タテとヨコの違いである。二つのパラダイムの違いをよりくわしく考えてみると、次の表のようになるであろう。

ヒエラルキーパラダイムでは、ヒエラルキーの中でのタテの命令系統を中心にかなり中央集

	ヒエラルキーパラダイム	場のパラダイム
1. 組織とは	意思決定する個人の集合体	情報的相互作用の束
2. マネジメントとは	決定し、命令し、動機づけること	方向を示し、土壌を整え、承認すること
3. 経営行動の焦点	システム設計とリーダーシップ	場の生成とかじ取り
4. マネジャーの役割	先頭に立ってリードする	流れを見ながらかじを取る
	中央に情報を集め、自分で決定する	部下に任せ、ときに自ら決断する
5. メンバーの役割	与えられた仕事を遂行する	仕事の細部は自分でつくる
	想定外事項は上司と相談して決める	想定外は周りと相談しながら自分で動く

権的にマネジメントを考えようとする考え方である。アメリカ的な組織のマネジメントは基本的にこうしたパラダイムであったと思われる。

このパラダイムでは、企業組織を意思決定する個人の集合体とみる。マネジメントとは、その多くの個人の意思決定をマネジすることであり、その内容は象徴的に言えば、多くの決定は自分で下し、部下には命令し、彼らが命令通りに動くように動機づけること、となる。そうした経営行動の焦点となるのは、システム設計とリーダーシップである。部下に影響を与え、指令し、報告を受け、評価するためのシステムの設計がまず重要であり、設計されたシステムの要所々々に有能な管理者をリーダーとして配置し、彼らのリーダーシップでその下の部下をマネジしていく。

このようなヒエラルキーパラダイムのもとでのマネジャーの役割は、自分の組織の先頭に立って個人の集まりをリードしていくことであり、自分は組織の中央にいてそこへ情報を集めて、自分で決定をすることになる。もちろん、ヒエラルキーパラダイムでも権限委譲は起きるのだが、こうした中央集権的志向はどうしても強くなり、象徴的に言えば、「五〇％は部下に任せ、五〇％は自分で決定する」、ということになろうか。

そうしたイメージのもとでの組織のメンバー（つまり部下）の役割は、上司の決定した自分の仕事を遂行することであり、そこで想定されていなかった状況が起きれば上司と相談した上で行動を変えることになるだろう。

それに対して場のパラダイムでは、組織を個人の間の情報的相互作用の束とみる。その「相互作用の束」のマネジメントとは、組織全体としての方向を示し、その方向の中で情報的相互作用が起きやすくなるように土壌を整え、さらに必要な場合にはその情報的相互作用から生まれてくる具体的な行動案に承認を与えることとなる。経営行動の焦点は、システム設計ではなく「場の生成」となり、そうした場を動かしていくためのプロセスのかじ取りが重要となる。

もちろん、このような場のパラダイムのもとでも、当然マネジャーは必要である。その役割は、場のプロセスの流れを見ながら、そして場を取り巻く外部環境の動きをにらみ合わせながら、プロセスのかじを取る作業が中心となる。

「かじ取り」という言葉で象徴されるように、場のマネジャーに中央集権的なイメージはそれほどなく、多くの具体的行動が部下に任され、しかし時々はマネジャーとして自らの決断が必要となる。象徴的にヒエラルキーパラダイムとの比較を言えば、「七〇%は部下に任せ、二〇%は下からの提案を承認し、しかし残りの一〇%は下に任せず自分が決断する」、ということになろうか。

場のパラダイムでの組織のメンバー（部下）の役割は、自律性が高い。もちろん、自分の仕事の大枠は、マネジャーから方向づけを与えられているだろうが、仕事の細部は自分がつくることになろう。そして、事前に仕事の内容を想定した状況とは違ってきた場合には、全体の流れを見ながら自分が何をなすかを決めるのである。したがって場のパラダイムでは、それを「周りと相談しながら自分で動く」と表現することになる。「周りと相談する」という表現の中には、「周りを見渡して、自分なりに周囲の意向や状況を勘案する」という意味を込めるべきであろう。

この二つのパラダイムで、アメリカンフットボールとサッカーを考えてみてほしい。アメフトはヒエラルキーに、サッカーは場に、それぞれうまく当てはまることがあらためて理解できるだろう。

マネジメントをヒエラルキーパラダイムだけで見るのは、不十分である。場のパラダイムも使わなければならない。われわれは、複眼にならなければならないのである。それが、ここで言うマネジメントのパラダイム転換である。

場の生成と場のかじ取り

場のマネジメントとは、場のパラダイムによって組織のマネジメントをしようとすることである。それは、「場をそもそも生成させるためのマネジメント」と「生成した場を生き生きと動かしていくための場のかじ取りのマネジメント」と、その二つからなる。生成のマネジメントとかじ取りのマネジメントである。

実際、さまざまな経営の努力が「場の生成」を促進するために行なわれている。それらは、場を生み出す直接的なきっかけをベースにして、モノが生む場、コトが生む場、ヒトが生む場、と三つのタイプに分類できるであろう。

モノが生む場の典型例が、物理的空間が生む場である。つまり、人々が集う物理的空間を相互作用を促進しやすいようなものに設計することによって、場を生もうとする。

そのいい例が、フィンランドの携帯電話メーカーの巨人、ノキアの本社ビルである。ヘルシンキ郊外の「ノキアハウス」と呼ばれる本社ビルは、総ガラス張りの二つの大きな棟が中央部でくっついている。その接続部は巨大な吹き抜けになっており、その吹き抜けの中に約一〇〇〇人を収容できる巨大なキャフェテリアがある。そしてこの吹き抜け部は、二つの棟を結ぶ通路にもなっている。キャフェテリアは、人が会って食事をする場であるばかりでなく、人々が行き来する場にもなっているのである。

キャフェテリアのあちこちのテーブルで毎日、熱い議論が繰り広げられ、いままでさまざまな新製品のアイデアや企画が生まれた、という。キャフェテリアには、人々が簡単に集えるスペースと座る椅子がある。食事の「ついでに」話し合える。正式な会議に招集するのとは、気楽さが違う。その自由さが、多様な情報交換と刺激を生む。

さらに、そのキャフェテリアが本社棟の一つから別の棟へ行く通路になっているために、そこを通る人はついでにキャフェテリアの議論を見ることができる。何が起きているのか、誰が集まっているのか、ついでに観察できる。それもまた、情報的相互作用である。

こうしたことが起きることを、ノキアは意図的に狙って本社ビルのデザインをしている。コトが生む場も多い。戦略が生む場もあるだろう。経営システムが生む場もある。組織構造が生む場のいい例は、松下のマーケティング本部である。それまで各事業部に分散していた営業マンが、この本部に集結した。彼らは自然に、各事業部の製品に関する市場情報を交換し合うようになる。となりでキャンペーンの作戦を立てていれば、いやでも目に入る。いままでバラバラだった各事業部ごとの市場戦略が、統一性の取れたものになった一つの原因は、この本部の設置というコトが生んだ場であったろう。

ヒトが生む場の例は、おそらく読者の周りにも多くあるに違いない。人を惹きつける魅力のあるリーダーのもとに自然と人が集まる。そこに場ができる。その場の中で、情報の交換も心理的刺激も、起きていくだろう。それは、リーダーシップによってヒトが刺激し合う場が生まれたと表現していい。

「場のかじ取り」のマネジメントとは、場が生まれた後で、その場を生き生きと駆動させていくための、そこでの情報的相互作用が活発に行なわれるように配慮する経営の努力のことである。

たとえば、場の中で情報の流れが滞っている場合にはその障害を取り除き、解釈のあり方で場のメンバーの間で深刻な違いが生まれていたら、その統一解釈を得るように努力し、さらには場の相互作用をキックオフするようなきっかけをつくり、最後には議論には終止符をうって行動を取るように促す。そういったプロセス全体のかじ取りのことである。

より具体的なイメージで言えば、たとえば、会議の設定・段取りの決定である。誰がどこにどんな形で座るか。人間と人間との間隔を狭く、混み合って、かつ顔を向き合うような形で座れば、議論が交わしやすいし、白熱しやすい。あるいは、議題をどんな順序で議論をするか。

あるいは、場のマネジャーとしての状況の演出もある。営業目標を達成できるかどうか、みんなが固唾を呑んでいるようなときに、関係者全員をフロアーに集める。そこへ最後の電話が入って集計係がみなに聞こえるように大きな声で「目標達成！」と結果を発表する。そんな演出をすれば、いやが上にも心理的エネルギーは高まり、人々のその後の動きも活発になるだろう。

場のマネジメントの背後にある基本的な人間観は、人間はつねに周りを見ている、人間はじつに多様な情報メディアへの感覚能力をもっている、そして人間はたしかに個人ではあるが、全体という名の衣をまとった個人である、ということである。

そんな人間のポテンシャルを、活かさない手はない。

第5部

経営を見る眼を養う

第20章 キーワードで考える

当たり前スタンダード

前章までで、経営を見る眼の基礎知識の解説は終わった。

本の最後になるこの第５部では、「経営の見る眼」を養うための私なりのヒントを少し述べておこう。

そのヒントの一つは、キーワードで考える、である。つまり、経営というものを見る際に、どんな言葉をキーワードとして見ると、事の本質に迫りやすいか、現実の底にあるものを見やすくなるか、ということである。それがこの章のトピックで、次章ではもう一つのヒント、経営の論理と方程式、について話そう。

もっともキーワードといっても、私にとっての、である。読者のみなさんは、自分なりのキーワードをつくっていくべきである。その参考になれば、という思いで、五つのキーワードをあえて書いてみよう。

私が経営を見るときの第一のキーワードは、当たり前スタンダード、である。この企業の経営は当たり前スタンダードをきちんと実行できているか、という眼で経営を見るのである。当たり前のことができない経営に、いい経営があろうはずがない。

当たり前スタンダードは、私の造語である。一九九〇年代半ば以降であったろうか、一時期グローバル・スタンダードという和製英語が流行ったことがある。韓国と日本でしか通用しない英語だと聞いた。その頃、グローバル・スタンダード流行に違和感を感じて、グローバル・スタンダードより当たり前スタンダードを守るべき、と言いたくなったのである。

当たり前スタンダードとは、文字通り、誰が考えても当たり前の標準、という意味である。たとえば、

●顧客の満足を本当に考えた行動を組織のあちこちでする。
●若いエネルギーを大いに活用して、スピードある組織活力を保つ。
●社長は大きなビジョンを掲げて、しかし責任を取るべきときはきちんと取る。
●資本の効率をきちんと維持する。

こうしたことは、グローバル・スタンダードでも何でもなく、当たり前スタンダードである。それが十分にはできていない企業が、やはり多い。

その当たり前スタンダードができていないのに、グローバル・スタンダードに飛びついて何になるのか。それが私の当時の感想であった。今でも、三文字ぐらいのアルファベットでかっこよく表現される経営手法の流行に似たような違和感をもっている。

それよりも、当たり前のことをきちんと考える、しかも自分の頭できちんと論理を考えることが大切である。それが、この言葉を私が大切な経営のキーワードと考える第一の理由である。

グローバル・スタンダードは結局、アメリカンスタンダードのことであった。そして、「アメリカではこうしているのだから、日本でも同じようにすべきである」という議論になってしまう。このように「アメリカでは」と言い募る人のことを、「ではの守」と言うそうである。

それはやめたほうがいい。アメリカの経営学の理論は当然、それが生まれたアメリカの企業社会の状況を反映したものである。その理論を取り巻く環境条件の中で、あまりにもアメリカ社会では当然であるので暗黙のうちに理論成立の前提として仮定してしまっている条件もありそうだ。しかし、日本の企業社会とアメリカの企業社会では、さまざまな環境状況が違うし、歴史的経路も違う。そのために、アメリカの経営学の理論の「暗黙の前提」のうち、日本では成立しない暗黙の前提条件が案外、ある。だとすれば、アメリカで成立する理論的結論が、日本でも同じように成立するとは限らない。そんな中で「ではの守」をやれば、間違った提言をすることになるだろう。つまり、論理がないのである。

私が当たり前スタンダードで素朴に「経営を見る」ことが大切だと思うもう一つの理由は、

それが経営の表面の下に隠れている本当の問題を掘り起こす、手がかりになりやすいからである。なぜそんな当たり前のこともできないのか、と考えを進めればいい。当たり前のことを妨げていることに、その企業の経営の問題の本質がおそらくあるのである。

神は細部に宿る

松下幸之助さんの言葉に、「経営者の仕事は大きな事を考えることと、小さな事に目を配ることだ」という言葉がある。大きな事とは、たとえば経営理念であり、戦略である。小さな事とは、たとえば、宴席にお招きしたお客様の席順である。そうした、小さな事（つまり細部）に多くのものが宿っている。

細部に注目して経営を見るようにすると、案外ものが見えてくる理由は三つある。

第一に、「現場こそすべて」、だからである。いくら社長が立派な理念をもっていても、実際の仕事をするのは現場の人々である。彼らの細かな行動がきちんとしていなければ、組織としての業績は長期的によくはならない。その現場は、細部である。その細部にまで経営の意思がどう伝わり、どう実行されているか。それが、経営のよし悪しを最終的には決めるのである。松下幸之助さんが、自分がお客様を招いたときの席順を気にすることをあえて公言するのは、その場で自分が恥をかかないためではないだろう。組織の人々がそうしたことに細かく気を配ってお客様を大切にするように、範を見せているのである。

第二に、「一事が万事」、だからである。現場の細部にその組織全体の傾向を象徴するようなことが表れることが多い。だから、一つの細部を見ることで、全体の様子の想像ができる。「あの親にして、この子あり」と言う。それと同じで、「あの社長にして、この従業員あり」なのである。

一事が万事、といういい例をある超優良企業の工場長氏から聞いたことがある。「工場長の最大の仕事は、工場内の清潔さと整理整頓に気をつけることです。時々工場を回って、ほこりがたまっているところを見つけては怒鳴って回る。それで品質がよくなり、コストが下がります。これは理屈ではありません」。

最後のひとことを除けば、私にもこの話はまったく納得できる。論理で納得できる。その論理が、「一事が万事」という論理なのである。整理整頓をしたがらないような作業者では、機械の扱いや製品の仕上げに注意深いことは予想しにくい。ほこりがたまっているような作業場ではその他の面でも規律がゆるんでいる可能性が強い。またほこり自体が品質を悪くする原因にもなり得る。人間は時々は刺激を受けないとダラける傾向のある存在である。だから時々怒鳴って回る。

一事が万事とは、一つの現象（たとえばほこり）がじつは氷山の一角であることを意味し、また一つの行動（ほこりを怒鳴ること）がその直接の対象にだけでなく多面的な波及効果をもつということである。つまり、細部は全体の象徴なのである。だから、細部を見ると、全体が見える。私もしばしば、工場見学に行くとトイレを借用する。トイレがきたない工場で、綿密な品質管理やコストダウン努力は期待しがたい。

神は細部に宿るというキーワードが経営を見る上で大切な第三の理由は、細部が「蟻の一穴」、だからである。立派に見える堤防も、そこに蟻の穴が一つあると、そして「不運にも」その穴から水が漏れ始めると、堤防の決壊につながることがある。細部と見えることが、大事をもたらす小さな出発点になってしまう。

蟻の穴のような小さな欠陥が、組織の中での反対勢力の反論の言い訳を与えることもある。小さな穴が競争相手につけこむスキを与えることもある。小さな穴の修正に気を取られて、肝心なことに目がいかないという大きなミスを誘発することもある。

だから、そうした小さな穴を早期発見、早期解決できるかどうかで、経営の成否はかなり決まる。経営を見るとき、そんな眼で細部をあえて見てみるといい。

人は性善なれども弱し

経営とは、他人を通して事をなすこと、である。だから、人を動かすことが本質となる。それは、本書でたびたび指摘してきた。その「人」という存在についてどのような想定をおくかによって、どのような経営をするかは変わる。そして、その想定が人本来の姿と微妙にずれるとき、そのずれた想定を前提に考案された経営のあり方は、現実の人間にきしみと反発を生み、そのきしみと反発が経営の蹉跌を招くだろう。

もちろん、人間はさまざまである。一つの想定がすべての人に通用すると考えること自体が間違いであろう。しかし、「多くの人に共通するものは何か」を考えることは許されるだろう。それが、私にとって経営を見る際の第三のキーワードである。つまり、「人は性善なれども弱し」。

ある企業の経営を見るとき、あるいは経営者の行動を観察するとき、その経営のあり方の背後にある、人間についての暗黙の想定は何かを考えてみる。そして「性善にして性弱」という想定とかなり異なる想定があると推定されたら、その経営はどこかで歪みをもたらすだろうと予想されるのである。

人間の性悪と性善については、古来からさまざまな意見がある。単純な性悪説は、すべての人間は悪い人になる本質をもっているという説であろうが、古代中国で荀子が性悪説と言ったのは、われわれの理解するような悪として人間を捉えたのではなく、人間は自然の欲望をもっているということを言いたかったという。逆に、孟子が性善説を唱えたとき、それは「すべての人は善人だ」というような楽天的な意味ではなく、「人には善の兆しが備わっている」という意味であるという。

この二つの性悪と性善をミックスしたところに、経営で人を捉えようとするときに適切な想定があるように思われる。多くの人間が、善の兆しをもっているが、しかし放っておけば自分の欲望に負けてしまうことも十分ある。したがって、性善なれど弱し、と表現できる。

経営組織の中の人には、二つの意味で性弱である面がありそうだ。一つは、ついついの甘え、である。第二は、錯覚と思い込みである。それが現実を歪んで理解させる。ゴルフと同じである。自分ではきちんとしたスイングをしているつもりでも、じつはひどいフォームになっている人が多い。気がついていない。しかも、まあそれでいいか、と甘えている。

組織の中で多くの人々がそれぞれに「ついついの甘えと錯覚」をもってしまえば、どうなるか。多くの人がついついの甘えをもち、さらにその実態の認識でともすればひいき目に錯覚する。その「ついついの甘えと錯覚」の複合が組織全体の中で大きな流れとなってしまうと、組織の病理が発生してしまう。

多くの低迷組織には圧倒的に、「ついついの甘えと錯覚」が充満している。それを正すのは、容易ではない。決して、「厳しく対応すれば、怖がって人は行動を正す」というものではない。短期にはたしかにあり得るが、長期はもたない。人は同時に、将来への夢もみたいし、いい仕事もしたいとも思っている。

組織の病理を考えるということと、単純な性悪説とは違う。低迷する組織に夢を語ることによって組織を引っ張ろうとする経営者がいる。性善の部分を最大限に活かそうとするのである。それは、正しい。そして一方で、性弱の部分を忘れてはならない。性弱による転落の経路の再発をいかに防ぐか。それもまた経営の重要な思考である。

六割で優良企業

私の経営を見る第四のキーワードは、「六割」である。それは、私にとって優良企業の定義が「その企業に働く人の六割が、当たり前のことをきちんとやっている企業」だということである。この比率が七割にもなれば、それは超優良企業である。ふつうの企業は五割以下であろう。それくらい、組織全体として当たり前のことをするのは難しい。

当たり前のことをするとは、細部をゆるがせにしないということであり、ついついの甘えと錯覚をしないということである。それを性善なれども弱い人間の六割もがきちんとできれば、十分に立派なことなのである。

したがって、どの企業でも経営のあり方を見るとき、そのあり方に沿って何割の人間がきちんとできそうか、想像してみる。その予想が六割を切ったら、その経営のあり方では優良企業にはなれないだろうということになる。五割以下の人間しかできないと予想したら、経営の失敗への一里塚を見つけたと思えばよい。

六割仮説から組織として何をなすべきかを考えてみると、組織として狙うべきは少しよいことを長期的に持続すること、だと見えてくる。組織は大きな船のようなもので、組織全体として機敏な動きや難しい行動をつねにし続けられるような器用さはないと思ったほうがよい。なぜなら、そんな機敏な動きを組織全体としてするためには、七割あるいは八割の人が難しい行動をときどき取らなければならなくなってしまう。そんな難しいことが多くの人間に必要とされるようなことを長期的に狙うと、失敗する確率が高くなりすぎる。

もちろん、長い時の流れの中で、時々すばらしい行動を組織として取ることはできるだろう。しかし、それは「時々」であって、「つねに」ではない。「少しよいこと」をつねにやっていく努力をしていれば、時々は偶然が助けてくれて、あるいは周りから助けの手が出てきて、「すばらしいこと」もできるのである。その偶然をしばしば狙うのは、失敗の確率がきわめて高い。つまり、「すばらしい業績」は「少しよいことの積み重ね」から生まれるのが、ふつうである。

もっとも、ときに意外な戦略が成功することもある。私の友人の吉原英樹さん（南山大学教授）は昔、『「バカな」と「なるほど」』（同文舘出版、一九八八年）、という面白いタイトルの本を書いたことがある。ユニークな経営の成功例には、聞いたときには「バカな」とまず思う経営のあり方が案外多い、というのである。そして、最初はバカなと思っても、よくよく聞いてみると「なるほど」と思える。それだけの論理があるというのである。

たしかにその通りだろう。バカなと最初は思い、しかしなるほどと最後は思えるということは、意外な形で当たり前のことを実践している、ということだろう。経営が狙っていることが、成功するための論理がじつはきちんと用意されている。その論理は、いわば「コロンブスの卵」で、言われてみれば当たり前、なのである。

他人が気がつきにくい「当たり前」を懸命に考えるというのは、決して「とってもいいことをしばしば狙う」ということではない。少しいいことを持続的に実行することを意外なやり方でできないか、それを考えているのである。

しかし現実には、最初に「バカな」と思う経営は、最後も「なるほど」ではなく「バカな」で終わることが多いのが、悲しい。

目に見えないことこそ重要

華やかな本社、人の目を引くプレゼンテーション、きらびやかに踊る言葉。

いずれもおそらく、ダメな経営の象徴である。そうした表面に表れること、目につきやすいことを社長をはじめ多くの人が気にしている企業で、細部に神が実際に宿るだろうか。当たり前スタンダードを六割以上の人たちが守れるだろうか。性弱な部分への備えができるだろうか。

経営はうわべではない。だから私にとっての経営を見る第五のキーワードは、「目に見えないことこそ重要」、である。それを大切にしなければならない。目に見えないことを見るようにすることで、経営を見る眼が養われる。

戦略で言えば、表面の行動でなく、ましてや紙に立派な言葉で書かれたプランでもなく、具体的な行動とその実行を支える資源が大切なのである。それも、設備やカネという目に見える資源ではなく、技術やノウハウ、顧客の信頼、組織風土といった見えざる資産が結局は企業の競争力の源泉となる。

組織でいえば、経営システムの形ではなく、その中で行なわれるプロセスが大切なのである。システムはあくまで、プロセスの推進役として意味がある。そのプロセスは、しばしば目には見えにくい。しかし、システムは目に見える形にしやすい。そこで、「プロセス下手のシステム好き」という人が出てきて、経営システムをいじくり回したがる。

人間でいえば、人数や学歴といった表に見えることが大切なのではなく、それよりも人々の誠実さと勢い、経営理念の共有という目に見えない部分が大切なのである。

そして経営者でいえば、口から出る言葉ではなく、背中が大切である。背中にはもの言わぬ言葉があぶり出しになっている。そして、目には見えにくい経営者の器量こそが、大切である。

しかし、第16章の最後に見えざる資産について書いた文章がここでも当てはまる。

「見えざる資産は、見える人には見えて、見えない人には見えない」

目に見えないものを見えるように眼を養うことが、経営を見る眼を養うことである。

第21章 経営の論理と方程式で考える

経営は論理である

前章の最後に私は、「目に見えないものを見える」ようにすることが大切だと書いた。どうすれば、それが可能となりやすいか。

目に見えないものを見るとは、論理の力で目に見えないものを生き生きと「想像する」ことである。具体の世界から、抽象の世界へと思いを広げて、具体の世界で実際に見えていることの背後に何があるのかを、想像するのである。その想像をきちんとさせてくれるのは、人間がもっている論理の力である。

もちろん、論理を知っているということとそれを現実の修羅場の中で実践できるということは、同じではない。しかし、論理を知らなければ、実践はできない。論理なき実践は、行き当たりばったりの試行錯誤である。

ただし、論理を自分でつくる力のある人は、試行錯誤の中から成功の論理を自分で見つけていける。見えないものが見えてくる。その「自分の論理」の実践を目指すことによって、その後の「試行」の成功の確率は高くなるだろう。それが、現実から学ぶということである。

経営が論理であり、経営者にとって第一の条件は論理力だ、と喝破した経営者がいる。宅急便という日本人の生活パターンの根幹を変えるような事業を多くの困難にもめげずに大成功させた、ヤマト運輸の小倉昌男会長（故人）である。

「経営者にとって一番必要な条件は、論理的に考える力を持っていることである。なぜなら、経営は論理の積み重ねだからである。……

論理的に考える人は、その結論を導き出した経緯について、筋道立てて説明することができる。また説明をしているうちに、考え方を論理的に整理することもある。他に対して説明する能力も、経営者にとって大事な資質である」（小倉昌男著『小倉昌男　経営学』日経ＢＰ社、一九九九年、二七二〜二七四ページ）

経営の実践のためにも、経営を見る眼を養うためにも、自分なりの経営の論理をもつことはきわめて大切である。そのための、三つの論理モデルの例を、以下では説明しよう。私がよく使う論理モデルである。

それは、「経営の三つの基本論理」、「経営の方程式」、「経営のゆれ動き」、である。

三つの基本論理の総合

経営には、さまざまな論理があるだろう。戦略の適切さをきちんと考えるための論理がある。経営システムにも場のマネジメントにも、それぞれに論理がある。リーダーシップのあり方にも論理があるだろう。

そうしたさまざまな論理に共通する基本論理として、私は次の三つの論理が大切だと思っている。

- カネの論理（経済の論理）
- 情報の論理（見えざる資産の論理）
- 感情の論理（人間力学の論理）

現実の経営判断はほとんどつねに、この三つの基本論理を総合的に使っての総合判断になると考えている。だから、この三つの基本論理を総合的に使って経営を見るようにすれば、目に見えないことも見えてくる。

以下、この三つの論理の概要を説明するが、なぜこの三つが基本論理になるかと言えば、その答えはじつはすでに第2章に書いてある。私は、仕事の現場には仕事のプロセスを通して人々の間につねに三つのものが流れている、と書いた。カネの流れ、情報の流れ、感情の流れである。それは、仕事をする人間が三面性をもっているからであった。カネを必要として、カネのことを気にする経済的存在・物理的存在としてのヒト。情報をつかみ、学習し、他人に情報を伝える、情報的存在としてのヒト。そして、感情をもち、他人の動きや言葉に感情的に反応し合う、心理的存在としてのヒト。三つの面すべてを、一人の人間がもってしまっている。分かちがたい。

したがって、どのような経営判断、経営のあり方の決定も、必ずカネ・情報・感情の三つの流れに影響を及ぼす。その影響を通して、現場の人々の行動が左右されてくる。その人々の行動が、組織としての動きや業績のベースなのである。だから、この三つの流れがどうなるかの論理が、経営を考える際の三つの基本論理となる。

基本論理の第一は、カネの論理である。経済の論理と言い換えてもいい。

企業という経済組織体は、市場経済の中で経済的目的を第一義的な目的としてつくられている。そして市場経済では、カネが購買力を決め、富の蓄積を決めている。だから、カネの論理が経営の論理の真ん中にくる。

カネの論理は、冷徹である。カネは大小の比較がすぐできる。価格が高いか安いか、議論の余地なくすぐわかる。売上金額と費用総額とがどちらが大きいか、差額を計算すれば一目瞭然である。どこの企業が売上高で一番大きいか、小学生でも順位をつけられる。判断ののりしろも、議論の余地もない。

その上、人々は基本のところで経済原則で動いている。価格が安くていい製品が出れば、それまでの長いつき合いがあったかどうかに関係なく、多くの人は安い製品を買うようになる。利益を多く儲けさせてくれる取引先とみんな取引したくなる。

こうした人々の利害とカネのもつ明瞭な比較可能性が、カネの冷徹な論理の基礎にある。その冷徹な論理にすべての経営が最終的には従わざるを得ない。ただし、短期的に目先でカネの論理を成立させる必要がつねにあるわけではない。長期的に成立すればよい。だから、カネの論理を成立させ得る経営に選択の幅が出てくる。しかし、カネの圧力と明瞭さは、短期的志向を煽りがちである。

経営の基本論理の第二は、情報の論理であり、その情報の流れから生まれる見えざる資産の論理である。その論理の背後には、企業活動を情報という視点から統一的に見ようという企業観がある。つまり、企業の活動は、情報のやり取りと蓄積から成り立っている。

企業は、市場との情報のやり取りを通じて、新しい需要の動きを発見しようとする。あるいは企業は、実験室の中での情報探索活動を行なって、技術のポテンシャルを発見し、技術を自ら蓄積しようとする。あるいは、生産方法を改善できないかと考えて仕事をしている従業員が、生産工程の不具合などについてさまざまな観察をし、それが工程改善の知恵になる。

そうした情報のやり取りが学習につながり、それが情報蓄積を生み出す。だから、見えざる資産の蓄積が、仕事の内容や仕組みを決めている経営のあり方によって左右される。事業活動の中では、カネと共に情報もまた流れ、生み出され、蓄積されていく。その論理は、経営活動を見る基本論理として、大切である。

人間は学習する知的な存在でもあるが、同時に心理と感情の生き物でもある。悩みをもち、躊躇をし、しかしときに心理的エネルギーを燃え上がらせる、そんな存在でもある。

そういう人々が企業組織を構成している。その人間集団には、心理と感情の生理学が当然、大きく働く。人間集団の力学のダイナミクスと病理が、そこには生まれる。

それゆえ、経営の第三の基本論理として、感情の論理（人間力学の論理）が重要となる。

それは、人間くさいが、論理である。決して、単に情緒だからよくわからないとか、心理だから計算できないと言ってはならないのである。たしかに、カネの論理のように明瞭でまぎれのない論理ではない。しかし、「こうなれば、こんな気持ちになる」「多くの人がこう感じれば、集団はこう動く」と論理的な推論がかなりの程度可能なのである。

三つの基本論理はしばしば、相互に矛盾する。だから、総合判断をせざるを得ない。もっとも簡単な例で言えば、ボーナスを弾めば、カネはかかるが、しかし人々の士気は上がるだろう。カネがかかるというマイナスと士気の高揚というプラスをどう総合判断するのか。

その総合判断を見極めるためには、まず三つの論理をきちんと考える必要がある。ただなんとなく「いろいろ入り組んで複雑な判断である」と言っていただけでは、正しい総合判断はできない。

したがって、ある経営のあり方を見てその意義を理解しようとしたら、三つの論理で考えてみる必要がある。その相互矛盾がどのように発生し、それをどのように総合判断したかを考えてみる。驚くほどしばしば、三つの論理のどれかだけを優先させ過ぎた判断、あるいはどれかの論理をほとんど考えていない判断が現実に多いことに、読者は気がつくだろう。

経営の方程式：具体策＝環境×原理

経営の判断とは、その結果としてさまざまな経営の具体策を生む。それは、戦略についての具体策であったり、人事制度についての具体策であったり、あるいは雇用の慣行を変える具体策であったりする。そうした具体策の是非を見極めるための眼をもとうとするとき、前項の三つの論理はそれが「組織内や市場にどのようなインパクトを与えるか」ということを考えるための論理であった。

そうした具体策を考える際、単に組織内へのインパクトだけでその策が決まると考えるのではなく、環境との絡み合いや環境条件の動きも影響があると考える必要がある。たとえば、社会全体が高齢化するという環境の下では、必要な労働力がこれまでの雇用慣行（たとえば、女性の採用は限定的にする）では確保できなくなる。したがって、雇用慣行を変える必要がある。つまり、環境の変化に応じて、経営の具体策は変わらなければならない。

この項のタイトルになっているのは、私が経営の方程式と呼ぶものである。経営の具体策は環境の動向と、そうした具体策を考える際に人々が用いている考え方の原点（つまり原理）とのかけ算で決まっている、ということを意味する。この方程式をベースにものを考えると、経営のあり方の本質的な部分が見えてくることがある。つまり、経営を見る眼を養うためには、この方程式で経営を見てみるとよい。それが、この項で言いたいことの趣旨である。

この方程式の大切なところは、環境が決まれば、一義的に一つの最良の具体策が決まるのではない、ということを明示的に示していることである。かけ算の相手の原理次第で、答えは変わる。つまり、同じ環境でも、原理が違えば望ましい具体策は異なる可能性が十分ある。もちろん、環境の要請があまりにきつくて、原理が違っても同じ答えにならざるを得ない場合もあるだろうが、そうでないことも十分あり得る。

したがって、二つの企業が似たような環境のもとで違った経営政策を取るのを見たら、その背後にどのような原理の違いがあるのかを、考えてみればいい。それはいわば、現実に見える具体策を環境条件で割り算をする、という思考作業である。この方程式がその割り算をさせる。その割り算によって、経営の原理という目に見えないものを見通せるようになる。

経営の原理とは、企業によって経営理念と呼ぶものであろう。自分たちの組織がよって立つ、考え方の基本である。松下電器産業が二〇〇〇年から中村邦夫社長（当時）のもとで徹底的な経営改革に乗り出したとき、中村社長は「経営理念だけは変えない。他の経営施策はすべて変更可能である。聖域はない」と宣言した。中村改革以前の松下は、松下幸之助が古い環境条件の下でつくり上げた具体策がそのまま残っていた。しかし、環境は変わってしまった。したがって、経営の方程式は成立していなかった。中村改革は、幸之助の経営理念はそのままに、それを新しい環境条件とかけ算したらどのような具体策が必要かを考えた改革であった。

多くの企業で、暗黙のうちにその企業の中で共有されている「原理」がある。創業家の家訓に表現されていたり、社是としてみんなのよりどころになっていたりする。そうした、原理を共通に信じている組織は強い。その強さは、目に見えないものの強さのいい例である。松下電器の場合、幹部たちの多くが、「経営理念は変えないと聞いて、ホッとした」と言う。人間にとって原理の大切さを物語るエピソードである。人はパンのみによって生くるにあらず、なのである。

この経営方程式を使うと、じつはときに企業が目に見えない原理を意図せずして変えてしまう例、知らないうちに自分たちの原理を逸脱した経営の具体策を考えてしまっている例、などが見えてくる。その原理の「意図せざる変更」が人々に不安を与えたり、ストレスをかけたりする。

たとえば、企業は誰のものかという問題は、株主のものであるほうがいいのか、従業員がもっと主権者として声を上げげたほうがいいのか、原理的にはさまざまな考えがあり得る問題である。それは、すでに第7章で考えた。ただし、多くの日本企業では、企業の主人公は従業員であって株主ではない、という考え方が暗黙のうちに共有されていたようである。

その「原理」と一九八〇年代までの日本企業の環境は、「従業員を重視する経営政策」という具体策を生んでいた。この方程式通りである。しかし、一九九〇年代にグローバル資本主義の時代に変わったという環境変化があり、なおかつ企業収益の低迷という環境になったとき、少なからぬ企業が株主をより重視する政策へと具体策を変更させた。株式時価総額最大化が経営の目標だという経営者も現れた。

しかし、それがグローバル・スタンダードの経営のあり方だ、と言われても釈然としない人たちが多くの組織で大量にいた。今もいる。株主の富を大きくするための道具として、自分は働いているだけなのか。それが自分たちの経営原理だということになってしまっていいのかという思いがあるのである。たしかにグローバル資本主義の下での資本市場の重要性の増大という環境変化は理解できる。しかし、日本の経営慣行を株主重視へとそこまで大きく振ることは、単にもともとの原理の下での環境変化への対応の域をはるかにはみ出して、原理そのものを変えてしまったことになっているのではないか。それで企業の長期的発展に従業員がコミットするという経営のよさを維持できるのか。

この議論は、具体策そのものが環境と照らして意義が深いかどうかだけを議論していては、問題の本質に至らない。本質は、目に見えない原理の変更があるかどうかの議論なのである。それを、この方程式は考えさせる。

ゆれ動き

経営の論理と経営の方程式という「経営を見る眼」を強調すると、方程式と論理があれば、一本道で経営のあり方は決まると思う人がいるかもしれない。しかし、複雑な現実の中での総合判断としての経営は、そんな一本道では進まない。

むしろ、いろいろゆれ動くのが、ふつうである。そうした「ゆれ動きこそ常態、最適」というダイナミックな見方が、経営を見る眼としては必要である。

ゆれ動きにはもちろん、迷っての迷走もある。しかしここで言っているのは、熟慮の結果としてのゆれ動きが最適であることが十分あり得る、ということである。

それは、総合判断の常である。たとえば、先に挙げた三つの基本論理のどれを最優先にすべきかは、おかれた状況で変わるだろう。資金ショートして倒産しそうな企業であれば、カネの論理を最優先しなければそもそも企業の存続が許されない。しかし、そうして苦境を脱した後もずっとカネの論理一本槍でいくと、技術蓄積のための投資をおろそかにするといったような情報の論理無視の経営になってしまって、長期的な成長ポテンシャルを失う。だから、時期が来たら、情報の論理優先へとゆれ動くことが必要となる。総合判断だからこそ、総合の中の主役の交代があり得るのである。

経営システムのあり方でも、ゆれ動きはよく見られる。たとえば、組織構造として集権がいいのか分権がいいのか、という問題でも、集権の時代の次に分権の時代そしてまた集権の時代、とゆれ動く企業が多い。事業部制を取ったり、それをやめたり、それを繰り返しながら組織が大きくなっていく企業もある。

つまり、ほどよいバランスを常にとってスムーズな成長経路を企業がたどっていくことはほとんどない。企業は振り子のようにゆれ動くのがふつうである。揺れながら、成長していく。そして、ゆれ動きながら、企業は長期的なバランス、ダイナミックなバランスを取っている。

もちろん、二つの極の間のバランスの取り方には、「つねに中庸を狙う」という方法もある。しかし、そのやり方には無理が多そうだ。バランスをつねに取り続けようとして、かえってエネルギーを失いかねない。

ゆれ動きは変化であり、変化は刺激になる。それを狙って、ゆれ動くこともあろう。サラダドレッシングで油の層だけが集まることを防ぐために、時々ビンを振るようなものである。

しかし、世の中には静態的にものを考えてしまう人が案外いる。それでは、目に見えないものは見えてこない。ゆれ動きの例で言えば、ゆれ動きの一こまだけを取り上げ、その揺れている方向へ際限なく振り子が行ってしまう危険を言い募る人である。ゆれ動きがもたらす、刺激とか揺らぎ効果がわかっていない。ゆれ動きが組織のマネジメントの常である、という経営を見る眼はもっているほうがいい。

経営には論理がある。方程式もある。そして、ゆれ動きもある。そうした眼で経営を見てみると、何が見えてくるか。

経営は、人間の総合判断力の幅と深さを鍛える、絶好の知的営為である。

参考文献

伊丹敬之『日本型コーポレート・ガバナンス：従業員主権企業の論理と改革』日本経済新聞社、二〇〇〇年
――『経営戦略の論理〈第三版〉』日本経済新聞社、二〇〇三年
――『場の論理とマネジメント』東洋経済新報社、二〇〇五年
――・加護野忠男『ゼミナール 経営学入門〈第三版〉』日本経済新聞社、二〇〇三年
岩井克人『会社はこれからどうなるのか』平凡社、二〇〇三年
小倉昌男『小倉昌男 経営学』日経ＢＰ社、一九九九年
加護野忠男『「競争優位」のシステム――事業戦略の静かな革命』ＰＨＰ研究所、一九九九年
三枝匡『Ｖ字回復の経営』日本経済新聞社、二〇〇一年
ドラッカー、Ｐ・Ｆ『現代の経営（上・下）』（上田淳生訳）、ダイヤモンド社、二〇〇六年
マズロー、Ａ『人間性の心理学――モチベーションとパーソナリティ〈改訂新版〉』（小口忠彦訳）、産業能率大学出版部、一九八七年

著者紹介

1945年生まれ．一橋大学商学部卒業．カネギー・メロン大学経営大学院博士課程修了（Ph.D.）．一橋大学大学院商学研究科教授を経て，現在，東京理科大学総合科学技術経営研究科教授．
主な著書に『日本企業の多角化戦略』（共著，日経・経済図書文化賞受賞），『日本型コーポレート・ガバナンス』『経営戦略の論理〈第３版〉』『よき経営者の姿』（以上，日本経済新聞出版社），『人本主義企業』（筑摩書房），『日本産業三つの波』（NTT 出版），『場の論理とマネジメント』『経営の力学』（以上，東洋経済新報社）がある．

経営を見る眼

2007年７月12日　第１刷発行
2009年６月４日　第８刷発行

著　者　伊丹《いたみ》敬之《ひろゆき》
発行者　柴生田晴四
〒103-8345
発行所　東京都中央区日本橋本石町１-２-１　東洋経済新報社
電話　東洋経済コールセンター03(5605)7021　振替00130-5-6518
印刷・製本　東洋経済印刷

Printed in Japan　ISBN 978-4-492-50174-0　http://www.toyokeizai.net/